¿Cómo listar en el G8?

Marilú Peña Melgar
&
Verónica Patricia Rodríguez Vázquez

AuthorHouse™
1663 Liberty Drive
Bloomington, IN 47403
www.authorhouse.com
Phone: 1-800-839-8640

First published by AuthorHouse   12/11/2009

ISBN: 978-1-4490-4294-3 (sc)
ISBN: 978-1-4490-4295-0 (e)

Printed in the United States of America
Bloomington, Indiana

This book is printed on acid-free paper.

authorHOUSE®

Agradecimientos

A mis padres, que con su paciencia y apoyo me han ayudado a llegar hasta aquí, y a mi hermano que es un amigo incondicional.

Sinceramente, Marilú

Dedico este trabajo a mi madre, quien siempre ha estado junto a mí apoyándome y motivándome.

Con cariño Verónica Patricia

Queremos agradecer la colaboración de la Mtra. Adriana Fregoso Páramo, quien pacientemente revisó nuestros borradores y nos ayudó con sus observaciones.

Índice

I.Introducción

En los últimos años, mucho se ha hablado acerca de la globalización, continuamente escuchamos a muchas personas, políticos y expertos utilizar el término. Tenemos muy claro lo que la globalización significa y también lo que implica. Sin embargo, poco se conoce acerca de la globalización financiera.

La integración de las finanzas globales ha aumentado considerablemente desde los 70's. Como prueba basta analizar a las principales economías industrializadas, algunos centros financieros en el extranjero y a los países en desarrollo (Weber & Davis, 2000). La mayor parte de los países, algunos más tarde que otros, ha seguido la tendencia de remover los controles sobre el capital.

La globalización financiera tiene muchos beneficios potenciales: protege a las empresas e inversionistas contra shocks nacionales, permite una colocación de recursos más eficiente y mejora los estándares internacionales de vida. Sin embargo debe tomarse en cuenta que, la interconexión fomentada por la globalización, aumenta la exposición de los participantes a crisis reales y financieras y al riesgo de que las reversiones repentinas de capital puedan traducirse en trastornos económicos de gran escala (Walter, 2002).

Hoy en día existe una tendencia general, en la mayoría de los países, hacia una amplia apertura financiera. Tanto los países mediante sus bolsas, como los organismos reguladores, buscan atraer a los inversionistas y su capital.

Actualmente la mayor parte de los recursos monetarios se encuentran colocados en las bolsas de los países desarrollados, es decir, las entidades o personas que cuentan con grandes recursos económicos, realizan la mayor parte de sus inversiones a través de las principales bolsas del mundo.

Como ejemplo basta analizar la capitalización de mercado de dichas bolsas. Ésta capitalización es el precio de una acción multiplicado por el número de acciones en venta en el mercado de valores. Dado que dicho valor depende de la oferta y la demanda de las acciones, se puede considerar un indicativo del poder adquisitivo de los participantes del mercado. Por ejemplo:

La bolsa de Londres, con sus cerca de 1,800 empresas listadas en su mercado primario, tiene una capitalización de más de 3,500 billones de libras. Asimismo, la capitalización total de mercado de las empresas listadas en el NYSE-Euronext es de 21.3 trillones de Euros, con transacciones diarias por un valor de 103 billones de Euros. Ésta capitalización representa más de 4 veces la capitalización de cualquier otro mercado y el valor de las transacciones diarias realizadas, representan más de una tercera parte de las transacciones de acciones en efectivo en todo el mundo (Claessens & Schmukler, 2007).

Debido a esto, es conveniente que las empresas, independientemente del país del cual provengan, listen sus acciones no sólo en su bolsa local, sino que las coloquen en las principales bolsas del mundo.

Resulta particularmente importante conocer los requisitos necesarios para poder listar en dichas bolsas, es por ello que este trabajo se enfoca en presentar las opciones que tienen las empresas para colocar sus acciones en bolsas de países desarrollados, específicamente de aquellos pertenecientes al G8.

Se seleccionó el G8 como el grupo de estudio, además de la Bolsa Mexicana de Valores como referencia, porque dicho grupo, al estar integrado por 8 países que tienen una gran influencia en el mundo, permitirá comparar no sólo a la Bolsa Mexicana de

Valores contra las principales bolsas del mundo, sino que también se conocerán los requisitos que cada una de éstas solicita a las empresas extranjeras que desean listar.

El objetivo de éste trabajo consiste en obtener la información acerca de los requerimientos necesarios para listar en las bolsas de los países pertenecientes al G8 con la finalidad de detectar ventajas y desventajas para que una empresa extranjera cotice en ellas. Al mismo tiempo y a modo de ejemplo, se analizará la rentabilidad de algunas acciones de empresas extranjeras que listan en las mismas actualmente.

Tomando en cuenta lo anterior, es interesante considerar como viable y conveniente la colocación de acciones por parte de las empresas mexicanas en las bolsas de valores de los países pertenecientes al G8.

Se entiende como viable y conveniente la existencia de menores requisitos, costos de colocación de acciones y una mejora en la rentabilidad una vez que se encuentren listadas en el extranjero.

Es importante aclarar que se analizarán los requisitos de manera general, es decir, no se entrará en detalle de las prácticas contables. Asimismo, sólo se considera la información pública disponible.

Cabe mencionar que se analizarán tanto acciones como certificados de las mismas, "Depositary Receipts", mencionando los requisitos para cada uno de dichos valores, sin embargo, para el análisis de rentabilidad, no se hará distinción alguna entre ellos.

Para abordar los temas mencionados, se organiza el presente libro en 5 capítulos. El segundo capítulo describe el tema de la globalización en los mercados financieros y presenta su evolución histórica. En el tercer capítulo se presentan los requisitos para listar en las bolsas del G8 y la Bolsa Mexicana de Valores (BMV). En el capítulo 4 se presenta un análisis de las rentabilidades que obtiene una acción al cotizar en su bolsa local y extranjera. Finalmente, en el capítulo 5 se presentarán las conclusiones y observaciones obtenidas durante la realización de la investigación.

II. La globalización

"Se ha dicho que argumentar en contra de la globalización, es como argumentar en contra de las leyes de la gravedad."

Kofi Annan (7° Sec. Gral. ONU, Premio Nobel de la Paz 2001)

La globalización es un tema sobre el cual se ha debatido ampliamente en los últimos años y aunque se ha tratado de definir de diversas maneras, en general podemos decir que es un proceso de interacción e integración entre la gente, las empresas y los gobiernos de diferentes naciones.

Es un proceso en función del comercio y la inversión en el ámbito internacional. Este proceso produce efectos en el medio ambiente, la cultura, los sistemas políticos, el desarrollo y la prosperidad económica (Globalization101 org, 2008).

Este proceso se ha observado en diversos ámbitos de la vida, incluido el campo de los negocios. Hemos sido testigos en los últimos años del nacimiento de miles de empresas multinacionales, de fusiones entre importantes empresas con el afán de ampliar sus mercados, así como de la creciente preocupación de los empresarios por hacer a sus productos o servicios más competitivos.

Cada vez parece aún más que la humanidad se encamina a un mundo sin fronteras. Los bienes y servicios se producen y comercializan en todo el planeta; y el capital salta de un país a otro a gran velocidad y cada vez con menos restricciones. En otras palabras, en la globalización económica actual se ha incrementado el comercio exterior de bienes y servicios, así como el aumento de los flujos internacionales de factores de producción, en especial del capital, el factor más globalizado (Tovar, 2007).

Para que las empresas y los empresarios puedan ser verdaderamente competitivos en la situación actual, es necesario pensar en la internacionalización y no conformarse con satisfacer al mercado local. También es indispensable considerar todos los factores que integran a la empresa y no sólo los más evidentes.

II.1   Impacto de la globalización en los mercados de valores

Por lo general, las empresas se enfocan únicamente en vender sus productos, olvidando que una parte trascendental para cualquier empresa es el capital y qué mejor manera de obtenerlo sino a través de los mercados de valores. Éstos mercados, desempeñan papeles trascendentales en cualquier economía pues proveen lugares para que los compradores (accionistas) y vendedores (emisoras) intercambien valores y las corporaciones obtengan fondos para expandir su negocio (British Encyclopedia, 2005).

Sin embargo, cotizar en una bolsa local ya no es suficiente, pues es importante que las empresas además coloquen sus acciones en bolsas extranjeras. Esta importancia radica en que al listar en el extranjero, las acciones de la empresa están al alcance de un mayor número de inversionistas.

Los inversionistas públicos y privados pueden adquirir acciones en mercados de valores tanto locales, como internacionales. Este suceso forma parte de la globalización de los valores, así como también lo es el hecho de que un gran número de empresas escojan listar sus acciones en bolsas extranjeras.

Digamos que, en respuesta a la tendencia globalizadora, un número cada vez mayor de compañías están obteniendo capital a través de la colocación de acciones más allá de las fronteras de sus mercados locales (Karolyi, 1996). Esto ha provocado que el listado en el extranjero no sólo sea una moda o una simple tendencia, sino que se ha convertido en una especie de necesidad.

II.2 La colocación de acciones en el extranjero

II.2.1 Evolución histórica

El listado de acciones en bolsas diferentes a la bolsa local, es decir, mercados extranjeros, no es para nada algo nuevo, de hecho, durante los últimos 40 años, los mercados financieros alrededor del mundo constantemente se han vuelto más abiertos a los inversionistas extranjeros.

Esto se debe a muchos factores, por ejemplo, durante el decenio de 1980, las personas e instituciones comenzaron a invertir sus fondos en mercados de valores extranjeros con el fin de diversificar sus portafolios y obtener mayores rendimientos ajustados al riesgo de aquellos que obtendrían con un portafolio completamente nacional.

Las empresas identificaron la oportunidad que se estaba presentando y pronto decidieron colocar sus acciones en bolsas extranjeras para captar y satisfacer la demanda de los inversionistas. Las compañías pronto descubrieron que el vehículo más natural para el financiamiento transfronterizo de capital era a través de la colocación directa de acciones en las bolsas de valores más importantes del mundo.

Mientras aumentaba la demanda de capital por parte de las empresas, se estimulaba el incremento del intercambio transfronterizo. Por ejemplo, las compras y ventas de acciones no-estadounidenses en la bolsa de Nueva York , la bolsa americana y los mercados del Nasdaq, en 1995 llegaron a un volumen anual de $810 billones de dólares aproximadamente, lo cual equivalía al 12% del volumen total de la bolsa de Nueva York (Gagnon & Karolyi, 2006).

Las bolsas de valores poco a poco se fueron convirtiendo en una pieza central en la arquitectura del sistema económico global, debido a que el volumen de flujos financieros entre países provocó la disminución en el volumen de intercambios internacionales, es decir que mientras más intercambio de valores había, menor era el intercambio de bienes.

Y para muestra basta ver que a finales de 1990, el volumen diario de transacciones de acciones extranjeras llegó a los 1.5 trillones de dólares, mientras que el volumen diario de las exportaciones globales de bienes y servicios fue de tan solo 25 billones (Weber & Davis, 2000).

A lo largo de los años, los mercados de valores lograron atraer a más inversionistas de diferentes tipos, incluso captaron la atención de parte de los inversores institucionales.

II.2.2 Situación actual de la colocación de acciones en el extranjero

Actualmente, el fenómeno de la colocación de acciones en el extranjero está ocurriendo en diversos países. Esto ha provocado que las bolsas busquen ofrecer mayores beneficios a las emisoras para atraerlas a colocar sus acciones.

Éstos beneficios no sólo se refieren a la simplicidad de los trámites para listar, también se ha hecho un hincapié en la tecnología. Tal es el caso de Canadá, en donde las innovaciones en comunicaciones y tecnologías de información y la relación con la globalización de los mercados financieros, han creado el potencial para llevar a cabo importantes cambios en la estructura de los mercados de valores canadienses.

Al mismo tiempo, una reducción en los costos ha disminuido las barreras para entrar, esto, en relación con los nuevos competidores conocidos como Sistemas de Intercambio Alternativos. Éstos sistemas alternativos no son otra cosa que mercados secundarios que tienen menores exigencias para listar y en cuanto a la información que la empresa debe revelar. Son más flexibles y accesibles, por lo que resultan más atractivos que los mercados principales.

En respuesta a esta reñida competencia, los mercados de valores canadienses, así como muchos otros, han tomado medidas para incrementar la calidad del mercado (Boisvert & Gaa, 2001). Los estándares de calidad superiores permiten que los mercados establecidos puedan competir ahora de una manera más eficiente en un campo inter-regional e internacional.

Y por supuesto que los resultados se pueden apreciar, por ejemplo, tan sólo en Inglaterra, alrededor de 500 títulos de valor extranjeros (incluyendo tanto aquellos de deuda como los de capital) están listados en el London Stock Exchange. Ésta cantidad representa casi el 20% del total de títulos de valor de dicha bolsa (Meek & Gray, 1989).

Así, se demuestra que este mundo globalizado está sucediendo, por lo que es necesario que las empresas tomen medidas tempranas para aprovechar al máximo los beneficios de éste.

II.3   Costos y beneficios de listar en el extranjero

A continuación se analizarán tanto los costos, como los beneficios de listar en una bolsa de valores extranjera.

II.3.1 Costos

La gran preocupación de las empresas, al momento de enfrentar la decisión de listar o no en el extranjero, radica en que no conocen verdaderamente los costos que dicho listado traerá consigo.

Existen una gran cantidad de cuotas legales y contables, así como una carga adicional de trabajo para conciliar estados financieros de acuerdo con los estándares o normas locales e internacionales. Además no sólo la carga de trabajo, sino el costo de cumplir con dichos requisitos contables.

Los problemas potenciales con la colocación en el extranjero incluyen un costo significativo por intercambio de acciones en una bolsa extranjera y el riesgo de demandas. Estos elementos pueden jugar un papel importante en la decisión de la empresa de colocar sus acciones en el extranjero, especialmente para las pequeñas empresas.

Muchos estudios también han intentado probar que, en algunos casos, existe evidencia contradictoria en la valuación de ganancias a largo plazo después de haber colocado las acciones en una bolsa extranjera (Arriazu, 2007). Sin embargo, esta evidencia no es concreta, ni aplicable para la mayoría de las empresas. Además, existen grandes beneficios que se generan al listar en el extranjero.

II.3.2 Beneficios

La decisión de la empresa de colocar sus acciones en el extranjero está motivada regularmente por la necesidad de obtener capital para llevar a cabo nuevos programas de inversión, la oportunidad de ampliar su base de accionistas y acceder tanto a inversionistas como a analistas con conocimientos de todas partes del mundo.

Debido a la apertura, los precios de las acciones se determinan globalmente y no sólo en un mercado específico. Además, la fuerza de la globalización ha creado una correlación positiva con los precios de las acciones en los mercados, es decir, que a mayor internacionalización, mayor será el precio de cada acción (Karolyi, 1996).

Existen además, enormes beneficios estratégicos, financieros, políticos, publicitarios y operacionales al listar o colocar acciones en el extranjero. Los directivos de las empresas argumentan que dicha colocación puede mejorar la relación entre la compañía y los participantes del mercado sede, es decir, que los inversionistas sentirán una mayor confianza y por lo tanto, aceptarán más rápidamente los valores de la empresa.

Los inversionistas se han vuelto más deseosos de adquirir acciones de firmas extranjeras. Por ejemplo, los inversionistas americanos, han aceptado los títulos de valor extranjeros desde hace un par de años porque su mercado local había estado falto de acción; además, al comprar acciones extranjeras no-correlacionadas con su mercado local, hacen menos riesgoso su portafolio de acciones (Economist, 1994). Aunado a esto, el listado disminuye los costos de adquisición y de intercambio de las acciones de la compañía para los inversionistas.

Para la emisora, se reducen los costos de obtención de capital debido a que se diversifica su exposición a diferentes riesgos de mercado y moneda; y se eliminan las barreras de inversión causadas por las diferencias en prácticas contables, requisitos de revelación y leyes fiscales.

Estos beneficios se han comprobado mediante numerosos estudios. Entre los resultados de dichos estudios, se ha visto que el precio de las acciones reacciona favorablemente a la colocación transfronteriza y que el volumen total de transacciones después del listado, incrementó en promedio.

En general, la liquidez del intercambio de acciones mejora, pero depende del incremento total del volumen de transacciones, la bolsa en la que se coloque y el porcentaje de restricciones a la propiedad extranjera en el mercado sede.

La bolsa en la que se colocan las acciones influye en los resultados debido a diversos factores como el poder adquisitivo de los inversionistas y los estándares de seguridad. Por ejemplo, las compañías no-estadounidenses que listan en el NYSE o en Amex experimentan mayor liquidez que aquellas que listaran en Nasdaq (Karolyi, 1996).

La exposición de las acciones al riesgo del mercado doméstico se reduce significativamente y se asocia sólo con un pequeño aumento en el riesgo del mercado global y el riesgo de la bolsa de valores extranjera, lo cual puede resultar en una reducción neta del costo de capital accionario.

Cotizar en varios mercados de valores mejora el acceso de las empresas a un financiamiento externo de menor costo. De acuerdo con un estudio realizado en empresas provenientes de 37 países y que cotizan tanto en su país de origen como en los Estados Unidos, se encontró una asociación positiva entre el cross-listing y las tasas de crecimiento obtenidas posteriormente por el financiamiento externo (Khurana, Periera, & Martin, 2008).

Otros factores que pueden motivar a la empresa a llevar a cabo un listado en el extranjero, son las ganancias potenciales de valuación para los accionistas y las diferencias de estándares de revelación de información y gobierno corporativo de los distintos países.

Un beneficio adicional, es el fortalecimiento de la ventaja competitiva de la empresa dentro de la industria, lo cual se deriva de un efecto publicitario del producto de la empresa (Stalinski & Tuluca, 2006).

La globalización llegó para quedarse. Mientras el intercambio internacional y la competencia global crecen, los inversionistas y las compañías listadas buscarán mercados de valores fuera de sus países de origen, al mismo tiempo, las bolsas de valores y los reguladores estarán revisando constantemente las reglas, observando la regulación existente en otros países.

II.4   Las políticas regulatorias y su impacto en el listado

La existencia de políticas regulatoria es necesaria para la existencia y buen funcionamiento de cualquier bolsa de valores. Éstas políticas, fijan los estándares requeridos por cada bolsa y regulan la actuación de los participantes, con la finalidad de que las transacciones se llevan a cabo de la forma más organizada y armónica posible.

Sin embargo, han ocurrido eventos recientes en algunas compañías que han llevado a cabo fraudes millonarios sirviéndose de fallas en la regulación. Entre estos casos tenemos los tan sonados, Enron, Parmalat, WorldCom y más recientemente, Société Générale.

Estos casos, han llevado a las autoridades financieras a crear políticas y regulaciones más estrictas, para evitar que los inversionistas pierdan la confianza en el mercado. Así, surgieron regulaciones como la ley Sarbanes-Oxley y las referentes a la obligación de las empresas de revelar información y mantener un gobierno corporativo adecuado (Cardenas, 2008).

Aunque éstos estándares en general, crean una confiabilidad en las bolsas, los requerimientos estrictos de revelación de información son el más grande impedimento para la colocación de acciones transfronteriza (Karolyi, 1996).

Por ello se requiere un equilibro que permita mantener políticas adecuadas para la protección del mercado y los inversionistas, pero que a la vez no sean exageradas y en exceso costosas para las emisoras.

Otra solución la encuentran las empresas en instrumentos de inversión o mediante el listado secundario de acciones en las bolsas.

II.5 Métodos o formas de listar en los mercados globalizados actuales

Existen diversos mecanismos que permiten a las emisoras listar en una bolsa de valores, a continuación se describirán cada uno de ellos.

II.5.1 Listado directo

El listado directo de acciones consiste en colocar las acciones directamente en la bolsa extranjera. Este listado puede ser primario o secundario.

El listado primario es cuando la empresa escoge a la bolsa extranjera como su mercado principal, es decir, que la bolsa extranjera tomaría el papel de bolsa local y la empresa puede o no, listar en otras bolsas incluyendo la de su país de origen.

En este tipo de listado a la empresa extranjera, se le da el tratamiento de una empresa local, por lo que debe cumplir con estándares de revelación y manejo de la información contable más estrictos y por lo general, cuotas más altas.

II.5.2 Cross-listing

El listado secundario o cross-listing, se da cuando la empresa lista en la bolsa de su país de origen y posteriormente decide colocar acciones en alguna bolsa extranjera. De esta manera, su mercado primario sería el local y el secundario, cualquier mercado adicional.

En éste tipo de listado por lo general, las empresas encuentran que los requisitos de listado en las bolsas extranjeras son menos estrictos y menos costosos. Además, cuando una empresa cotiza en varios mercados, hace que sus acciones estén disponibles a una base mayor de inversionistas, lo cual resulta en una mejor distribución del riesgo (Serra, 1997).

II.5.3 Depositary receipts (DRs)

Los depositary receipts, son certificados que representan acciones. Se manejan a través de instituciones bancarias o financieras certificadas que avalan la existencia de las acciones subyacentes.

Los certificados más conocidos y usados son los American Depositary Receipts (ADRs) que, como su nombre lo indica, son emitidos por una depositaria en los Estados Unidos y respalda el depósito de las acciones en un banco estadounidense. Aún cuando son emitidas por EUA, éstos certificados pueden intercambiarse en cualquier bolsa que los acepte.

También existen los Global Depositary Receipts (GDRs) que, a diferencia de los anteriores, son respaldados y emitidos por un banco internacional no necesariamente de Estados Unidos. Por lo general, un certificado representa la tenencia de 10 acciones de la empresa.

Cualquiera que sea su forma, los DRs representan un vehículo efectivo para la diversificación global.

Ya sea a través de políticas más relajadas o la creación de instrumentos accesibles, la globalización de los mercados de capitales ha fomentado una gran competencia entre las principales bolsas de valores del mundo para captar la creciente demanda y la prestación transfronteriza de los flujos de capital.

II.6   Mercados: Países emergentes vs. países desarrollados

La pregunta ahora es ¿cuál es la bolsa adecuada para colocar las acciones? La respuesta a esta pregunta ha generado gran polémica pues existen opiniones que afirman que la colocación de acciones es más rentable en países desarrollados. Otros por el contrario, afirman que resulta más rentable hacerlo en países emergentes.

Tanto en el caso de las bolsas de valores que se encuentran en países desarrollados, como las que se encuentran en países emergentes, existen ventajas al listar en ellas y a la vez, desventajas que pueden poner en duda la conveniencia de listar en ellas.

II.6.1 Ventajas y desventajas

Los mercados emergentes de cierta forma se han puesto de moda y desde algunos años esta ha sido la tendencia debido a los rendimientos pero sobre todo, por la facilidad de entrada y los pocos requisitos de revelación de información y gobierno corporativo que estos países solicitan.

Las empresas esperan que el mejoramiento del gobierno y la administración enfocada al mercado en los países emergentes, provea beneficios económicos a largo plazo. Sin embargo, experiencias recientes sobre el manejo de valores (ej. Acciones comunes) y de instrumentos de ingreso fijo (ej. Bonos, acciones preferentes o deuda) de países emergentes, resultan inconsistentes con la tendencia a largo plazo esperada. Esta inconsistencia se debe a varios factores, entre ellos, que el desarrollo económico y político no sigue un proceso lineal (Velez & Et-al, 2003).

Si se pretende colocar acciones en un país emergente, también se debe considerar el tamaño de la empresa y el de la bolsa en la que se espera colocar las acciones, esto porque no todas las bolsas de países emergentes tienen la capacidad para adquirir acciones de empresas de cierta magnitud. Los mercados emergentes con frecuencia son muy pequeños y no lo suficientemente sofisticados como para hacer frente a grandes colocaciones.

Algunos gestores de fondos han sido disuadidos de colocar acciones en el extranjero debido a que no tienen conocimiento ni están familiarizados con las prácticas en mercados externos; otros se intimidan por los altos costos de transacción, especialmente en mercados emergentes (Economist, 1994).

En el caso de los países desarrollados, los principales impedimentos para el listado de empresas extranjeras radican, como se mencionó anteriormente, en los grandes requisitos de revelación de información y las estrictas regulaciones. Pero, como también anteriormente se estableció, estos efectos se ven contrarrestados por el gran número de inversionistas que sienten la suficiente confianza como para adquirir acciones listadas en esos mercados.

La incertidumbre es un factor que, especialmente hoy en día, influencia en gran manera las decisiones de los inversionistas. Debido a esto, muchos de ellos consideran que en los países emergentes existe un grado mayor de incertidumbre acerca de los acontecimientos que pudieran ocurrir. Y que, además, estos países representan un gran riesgo debido a la inestabilidad política y económica que poseen.

II.6.2 Riesgo

Aún los inversionistas que no tienen aversión al riesgo siempre buscan, de alguna manera, la opción menos arriesgada. Sin embargo, en los países desarrollados la constante es el riesgo. Por muy pequeño que éste sea, no se sabe en qué momento ni en qué medida, los acontecimientos políticos, religiosos y/o económicos pudieran empeorar la situación del país.

Basta analizar eventos recientes en algunos países emergentes para comprobar que de un momento a otro, las cosas pueden cambiar radicalmente. Justamente este año, el banco central de Tailandia dijo que la inestabilidad política había superado a la inflación como la mayor amenaza a la economía. Enfrentamientos entre la policía y 12,000 protestantes anti-gobierno se llevaron a cabo por más de 4 días. Las crecientes protestas en Bangkok provocaron la caída constante del baht durante casi un año y que el índice de referencia del mercado de valores "SET" llegara hasta el 1%.

Los intentos por remover al presidente tailandés, Samak, y vetar a su partido político, provocaron el retiro de fondos de la bolsa de valores por 323 millones de dólares en agosto de este año (Yuvejwattana & Nambiar, 2008).

Una economía que tuvo un crecimiento positivamente constante, debido a problemas políticos, pasó de ser un buen lugar para invertir a ser un campo de batalla en donde se puede perder todo lo invertido.

Así como Tailandia, otra economía emergente que pasó del crecimiento a la crisis fue la India. Tan sólo en este año, la inflación prácticamente se ha triplicado a más del 12.4%. En medio del alza de los precios del combustible y los alimentos, el banco central se ha visto obligado a incrementar las tasas de interés 3 veces desde Junio.

El índice sensible de referencia de India, que en este año ya ha caído un tercio, volvió a hacerlo a menos del 3.7% al cierre del Bombay Stock Exchange (Thomas, 2008). Según analistas y expertos, la economía hindú está sufriendo una desaceleración.

Es debido a estos y muchos otros casos, que se debe tomar en cuenta la estabilidad que ofrecen las bolsas de países desarrollados, un factor de gran importancia y una ventaja, especialmente en la situación económica mundial actual.

II.6.3 Poder adquisitivo de los inversores

El poder adquisitivo de los inversionistas es un factor trascendental que se debe considerar si se pretende colocar acciones en una bolsa. Un caso para ejemplificar esta situación fue cuando Ashanti Goldfields, una empresa Ghaniana dedicada a la minería de oro y la compañía más grande de dicho país Africano, fue privatizada en abril de 1994.

Esta empresa estaba valuada en cerca de 1.7 billones de dólares, más de 10 veces la capitalización de la bolsa de valores Accra. Sólo listando en Londres la compañía pudo obtener el capital adecuado, pues en su mercado local los inversionistas jamás podrían haber comprado la totalidad de sus acciones

Así como en África, al otro lado del mundo, durante la mayor oferta de acciones en un mercado emergente en la historia, el gobierno argentino vendió casi la mitad de YPF, una compañía paraestatal de petróleo y gas.

De los 3 billones de dólares ofertados, sólo 400 millones fueron adquiridos por inversionistas argentinos; la mayor parte del resto fue colocado en el NYSE como ADRs. A la paraestatal le resultaba más rentable colocar sus certificados en Estados Unidos, por la liquidez y rentabilidad que obtendrían, contrario a lo que se pensaba sucedería si se colocaran todas en su país de origen (Economist, 1994).

Considerando todos los factores anteriormente mencionados, resulta evidente que las bolsas más adecuadas para listar son aquellas que se encuentran en las grandes economías industrializadas.

II.7 Las bolsas de valores del G8

II.7.1 ¿Qué es el G8?

El Grupo de los 8 o G8, es un grupo de países industrializados que tienen gran importancia política, económica y militar en el mundo. Lo conforman Alemania, Canadá, Estados Unidos, Francia, Italia, Japón, Reino Unido y Rusia.

No existen criterios específicos que determinen la pertenencia de un país al grupo, pues no son los países más industrializados; tampoco son los que tienen mayor ingreso per cápita o PIB; ni siquiera son los más desarrollados pues Rusia es considerada una economía de segundo mundo por haber sido socialista durante muchos años y no tiene un PIB per cápita mayor a $15,000 USD.

Se puede decir que son algunos de los países más desarrollados y que al mismo tiempo, tienen una gran influencia política y económica a nivel mundial.

El grupo surgió en los 70's cuando se reunieron los ministros de finanzas de Alemania occidental, Estados Unidos, Francia, Japón y el Reino Unido. Durante las reuniones posteriores fueron incorporándose Italia, Canadá y finalmente, Rusia.

En la cumbre anual del G8, los representantes de dichos países se reúnen para analizar y decidir sobre la situación política y económica global y de cada uno de sus respectivos países. Los representantes de otros países no pertenecientes al G8 pueden asistir a dicha reunión en calidad de observadores. Actualmente Brasil, China, India, México y Sudáfrica asisten a la cumbre debido a la importancia que dichos países tienen en la economía mundial.

II.7.2 Las bolsas de valores del G8 actualmente

Como fue mencionado con anterioridad, para las empresas, la colocación de acciones en el extranjero puede ayudar a obtener grandes cantidades de dinero de parte de los inversores dispuestos a adquirir sus acciones. Al listar en Londres, Nueva York o Tokio, las empresas pueden aprovechar las grandes cantidades de dinero que se manejan ahí, ampliar su base accionaria y disminuir sus costos de capital (Platt, 2006).

Definitivamente las bolsas pertenecientes al G8, se encuentran entre las más importantes del mundo y los resultados positivos que tienen las empresas extranjeras al listar en dichas bolsas se han comprobado numerosas veces.

En un estudio reciente de Citigroup, se analizaron 367 compañías no-estadounidenses que cuentan con acciones listadas en su país y en Estados Unidos o Londres utilizando DRs. El estudio encontró que los DRs de ésas compañías, durante el trimestre con mayor liquidez, habían registrado una valuación promedio de 46% más del valor de sus acciones en libros; así como una proporción mayor de transacciones globales.

Estos resultados sugieren que las compañías cross-listed pueden obtener valuaciones mayores en sus DRs a través de mejores relaciones con inversionistas y un fuerte gobierno corporativo (Platt, 2006).

No sólo es Estados Unidos el destino "ideal" para la colocación de acciones, de hecho, en el 2006, los mercados europeos fueron los que recaudaron más fondos, 95 billones de dólares (35% del total de fondos recaudados).

Las bolsas de valores de Londres fueron el destino más popular del mundo para la colocación de Ofertas Públicas Iniciales, también conocidas como IPOs (Initial Public Offering), transfronterizas en 2006.

Las bolsas de países desarrollados constantemente compiten para mejorar y atraer a los inversionistas mediante el ofrecimiento de ventajas que otras bolsas no otorgan. Por ejemplo, los honorarios de subscripción de un IPO en Londres son por lo general de 3-4%, contra el 6.5-7% que se cobra en Estados Unidos (Globalization101 org, 2008). Londres también renovó su tecnología al implementar "TradeElect", un nuevo sistema de comercialización.

Una de las evoluciones más interesantes en el mundo de los valores, fue en abril del 2007 cuando se fusionaron Euronext y el NYSE. Actualmente, existen 4,000 compañías con una capitalización de mercado de 28.5 trillones de dólares cotizando en NYSE-Euronext. Además, ésta fusión incrementa las horas de transacción a 13 y disminuye los costos de transacción en ambas bolsas.

Con esta unión las compañías estadounidenses obtienen visibilidad en Europa y viceversa; los inversionistas pueden comprar y vender acciones en dólares y Euros, dependiendo de cuál sea la moneda más fuerte; y las compañías globales que no deseen cumplir con la Sarbanes-Oaxley o cualquier otra regulación de EUA, ahora pueden listar en Euronext y ser reguladas por normas Europeas, pero con el beneficio de ser vistas en mercados estadounidenses (Doidge, 2007).

La posibilidad de tener presencia en dos bolsas distintas es una gran ventaja para cualquier empresa, sin mencionar el ahorro que representa en cuanto a los gastos que originalmente se deberían pagar para poder colocar las acciones en ambas bolsas.

La globalización de los mercados de valores ha dado lugar a una mayor competencia por colocaciones así como inversionistas. Muchas compañías pueden hacerse públicas localmente, pero accede a capital extranjero a través de inversores extranjeros, capital privado y cross-listings (Globalization101 org, 2008). Las empresas tienen ahora, muchas opciones de bolsas para elegir, sin embargo, las bolsas bien establecidas como el NYSE y el LSE ofrecen mayor estabilidad y profundidad que muchas bolsas en mercados emergentes.

III. Requisitos para listar

Como se mencionó al inicio del libro, en este capítulo se presentarán los requisitos necesarios para listar tanto acciones como certificados de acciones (depositary receipts) en la Bolsa Mexicana de Valores y en las bolsas principales de los países pertenecientes al G8:

1) Borsa Italiana (Italia)

2) Deutsche Börse (Alemania)

3) London Stock Exchange (Reino Unido)

4) Moscow Interbank Currency Exchange (Rusia)

5) New York Stock Exchange (Estados Unidos de América)

6) NYSE – EURONEXT (Incluye las bolsas de Paris, Amsterdam, Bruselas, Lisboa, una bolsa no regulada de Inglaterra y la bolsa de Nueva York)

7) Tokyo Stock Exchange (Japón)

8) Toronto Stock Exchange (Canadá)

Con el fin de obtener los requisitos necesarios para listar en las bolsas seleccionadas de cada uno de los países del G8, se visitó el sitio web de cada una de las bolsas y se analizó el mapa del sitio para saber en dónde se encuentra la información requerida.

Una vez comprendida la estructura de la presentación de la información, se separaron los requisitos para listado de empresas locales de aquellos para empresas extranjeras.

Se investigaron los requisitos que cada una de las bolsas solicita para que las empresas extranjeras puedan colocar sus acciones. En caso de que existieran reglamentos internos de las bolsas, organismos reguladores y leyes aplicables al listado, también se presentan los requisitos que éstos señalen.

Para ello, se verificó si la información es proporcionada por el mismo sitio web de la bolsa o si se encuentra en algún sitio relacionado, por ejemplo, el sitio web de la autoridad reguladora del país.

Aunque en todos los casos la información principal del sitio web es presentada en el idioma de origen y en inglés, algunas bolsas como Deutsche Börse, la Borsa Italiana y Euronext cuentan con documentos que se presentan únicamente en alemán, francés e italiano respectivamente. Por ello, fue necesario traducir la información de diversos idiomas al español y una vez obtenida toda la información, se resumió de manera que se presenta de una forma sencilla y comprensible.

Tras haber ordenado la información, se verificó la traducción y que los términos financieros fueran utilizados y traducidos adecuadamente.

Finalmente, se investigaron los costos en los que debe incurrir la empresa para poder listar en casa bolsa así como aquellos costos necesarios para permanecer listado. Estos costos se presentarán en la moneda local, sin aplicar ningún tipo de cambio. Para facilitar su comprensión, se diseñaron tablas que muestren los costos y en su caso, el procedimiento de cálculo de los mismos.

Con la finalidad de presentar un resumen de los principales requisitos necesarios para listar en las bolsas pertenecientes al G8, a continuación se presenta una tabla con dichos datos.

En la primera columna, se señala si es necesario contar con un intermediario; en la segunda, se muestra el organismo regulador de cada una de las bolsas. Las siglas utilizadas serán definidas en el apartado de la bolsa de cada país. En la tercera columna, se especifica si es necesario presentar una solicitud y/o el prospectus de colocación (el prospectus o prospecto es un documento con información detallada de la empresa). La cuarta columna marca el número de años de antigüedad requeridos para el listado.

La quinta y sexta columna muestran la capitalización necesaria y el porcentaje mínimo de valores públicos respectivamente. En la séptima columna, de acuerdo con los datos obtenidos, se determinó si los requisitos de control interno, revelación de información y gobierno corporativo son estrictos o no. Finalmente, en la última columna se detallan los estándares contables permitidos y/o requeridos por cada una de las bolsas; NIF (Normas de Información Financiera), NIIF (Normas Internacionales de Información Financiera), IFRS (International Financial Reporting Standards), IAS (International Accounting Standard), GAAP (Generally Accepted Accounting Principles) y RAS (Russian Accounting Standards).

	Intermediario Obligatorio	Org. Regulador	Solicitud y/o Prospectus	Antigüedad (años)	Capitalización de mercado	Valores públicos	Gobierno Corporativo y revelación de información	Estándares Contables
Bolsa Mexicana de Valores	✓	CNBV	✓	3	20 millones Ud's de Inversión	40%	Baja	NIF / NIIF
Borsa Italiana	✓	Consob	Solicitud	1	40 millones de Euros	25%	Baja	IFRS / IAS o US-GAAP
Deutsche Börse	✓	BaFin	✓	3	1.25 millones de Euros	25%	Media-alta	IFRS / IAS o US-GAAP
London Stock Exchange	✓	UKLA	✓	3	700,000 libras	25%	Alta	UK GAAP, US GAAP o IAS
Moscow Interbank Currency Exchange	✓	FSFM	✓	3	10 billones de Rublos	25% → A 10% → B	Media	RAS
New York Stock Exchange	✓	SEC	✓	3	750 millones de dólares	100 millones	Alta	US GAAP*
Paris Stock Exchange (EURONEXT)	✓	-	✓	3	Según tipo de acción: "A"→más de 1 bill "B"→ 150 mll – 1 bll "C"→ menos de 150 mll	25%	Media-alta	IFRS o GAAP (USA, Canada o Japón)
Tokyo Stock Exchange	✓	JASDEC	✓	3	50 billones de Yenes	30%	Media-alta	GAAP Japón
Toronto Stock Exchange	✓*	Securities Commission	✓	3	4 millones de Dólares Canadienses	1 millón de acciones	Media	GAAP Canadá

Tabla de requisitos para listar en las bolsas del G8 según datos publicados al 30 de octubre de 2008

De igual manera, se presenta a continuación una tabla resumen de los costos necesarios para listar y mantener el listado.

Bolsa	Tipo de valor	Cuota de Inscripción		Cuota de Mantenimiento	
		Mínima	Máxima	Mínima	Máxima
BMV (en MNX)	Acciones	$30,000	$500,000	$50,000	$700,000
	Depositary Receipts	$45,000		0.01% sobre el valor de los activos registrados en el año	$500,000
BI (en EUR)	Acciones y/o DR's	€10,000	€40 por cada €50,000 en capitalización	€6,300	
DB (en EUR)	Acciones y/o DR's	€5,500		€7,500	
EURONEXT (en EUR)	Acciones y DR's	€10,000	€500,000	€10,000	
LSE (en GBP)	Acciones	£5,870	£293,400	£5,925	£17,775
	DR's	£16,446.70	£293,400		
MICEX (en RUB)	Acciones	105,000 RUB	150,000 RUB	6,000 RUB	15,000 RUB
NYSE (en USD)	Acciones y DR's	$150,000	$250,000	$38,000	-
TSE (en YEN)	Acciones y DR's	¥ 4.5 millones + (0.0008 x N° acciones)		¥ 960,000	¥ 4,560,000
TSX (en CAN)	Acciones y DR's	$15,000 + tasa variable	$157,500	$10,000 + tasa variable	$90,000

Tabla de Costos de listado y mantenimiento de listado en las bolsas del G8
según datos publicados al 30 de octubre de 2008

A continuación se presentan detalladamente los requisitos financieros, de gobierno corporativo y revelación de información, necesarios para listar en las bolsas, así como los documentos que deben presentarse y las cuotas que se deben cubrir tanto por la colocación, como por el mantenimiento de los valores en el listado.

Los datos se presentan conforme a lo establecido en cada uno de los sitios web de las bolsas y a las regulaciones vigentes en cada país.

III.1 Bolsa Mexicana de Valores (BMV)

Es la bolsa de valores de México, en ella se pueden listar acciones de empresas tanto nacionales como extranjeras. Su sede se encuentra en el Distrito Federal (Ciudad de México) y su moneda es el Peso Mexicano ($ MXN).

La información presentada a continuación, es una transcripción de la que se encuentra en la Bolsa Mexicana de Valores localizada en: wwww.bmv.com.mx y contamos con la debida autorización para su divulgación en este medio.

III.1.1 Requisitos de inscripción en la Comisión Nacional Bancaria y de Valores (CNBV)

I. Presentar la solicitud y el prospecto de colocación.

II. Que los valores y los términos de su colocación, les permitan una circulación que sea significativa y que no cause perjuicio al mercado.

III. Que los valores tengan o lleguen a tener una circulación amplia en relación a la magnitud del mercado o de la empresa emisora.

IV. Que se prevea razonablemente que sus emisores tendrán solvencia y liquidez.

V. Que los emisores sigan políticas congruentes con los intereses de los inversionistas.

VI. Que los emisores proporcionen a la CNBV, a la BMV y al público, la información sobre el procedimiento para la formulación y presentación de los valores.

VII. Que los emisores no efectúen operaciones que modifiquen artificialmente el rendimiento.

VIII. Que la emisora no conceda a sus tenedores, prestaciones que no se deriven o se consignen en los títulos.

III.1.2 Requisitos de la Bolsa Mexicana de Valores

Requisitos generales

1) Las empresas deberán designar un intermediario. Éste puede ser un banco, casa de bolsa o cualquier institución financiera autorizada por la CNBV.

2) Las empresas interesadas deberán estar inscritas en el Registro Nacional de Valores (RNV), según el procedimiento previamente descrito.

3) Presentar una solicitud a la BMV, por medio de una casa de bolsa, anexando la información financiera, económica y legal correspondiente y señalada en el formato de solicitud. En el Anexo A, se puede ver el formato de la solicitud requerida.

4) Las solicitudes deberán estar firmadas en original, por el representante legal de la emisora, por el representante del Intermediario Colocador y en su caso, por el representante común de los tenedores de los valores.

5) El Prospecto de Colocación es el documento fuente de toda la información corporativa, legal y financiera relacionada con la Empresa y los valores a inscribir, que requiere ser revelada con anticipación a la oferta pública. Este documento es indispensable para la inscripción de acciones y DRs. El prospecto debe estar aprobado por la CNBV.

6) La información necesaria para la inscripción y listado de valores en el Registro Nacional de Valores y la BMV debe capturarse en el Sistema Electrónico de Captura "SECAP".

Requisitos numéricos y financieros

1. Designación de los funcionarios responsables de proporcionar a la Bolsa la información requerida sobre los valores y la empresa. Estos funcionarios deberán ocupar el cargo de director general o un equivalente.

2. Autorizar el uso de las claves de identificación electrónica que la Bolsa otorgue a los funcionarios, para sustitución de la firma autógrafa de éstos.

3. Para la inscripción en el apartado de valores se tomará en consideración lo siguiente:

    a. Capital contable.

    b. Utilidades operativas.

    c. Potencial de crecimiento.

    d. Accionistas de control e integrantes del consejo de administración.

    e. Cumplimiento por parte de la emisora, de sus obligaciones con la Bolsa y con el mercado.

    f. Historial crediticio de la empresa, de sus accionistas de control y consejeros.

    g. Solvencia moral de los accionistas de control, consejeros y principales directivos de la emisora o cualquier otra persona que tenga una obligación relacionada con los valores.

    h. Calificación crediticia otorgada por una Institución Calificadora.

    i. Garantías o avales de las emisiones.

4. Que cuenten con un historial de operación de por lo menos tres años. Tratándose de sociedades de nueva creación, por fusión o escisión, este requisito deberá acreditarse respecto de las sociedades fusionadas o de la sociedad escindente, según corresponda.

5. Que tengan como mínimo un capital contable por un importe equivalente a 20 millones de unidades de inversión, con base en el estado de posición financiera dictaminado o con revisión limitada del auditor externo, cuyo cierre no sea mayor a cuatro meses de la fecha de presentación de la solicitud para la inscripción de los valores.

6. Que la suma de resultados de los últimos 3 ejercicios, arroje utilidades operativas.

7. Que el número de valores a inscribir, sea por lo menos de 10 millones de títulos y su precio sea mayor a 1 unidad de inversión por valor.

8. Que el número de valores a inscribir, una vez celebrada la colocación o el alta correspondiente, representen por lo menos el 15% del capital social pagado de la emisora distribuido entre el público inversionista.

9. Que se alcance un número de al menos 200 inversionistas, una vez realizada la colocación o el alta.

10. Que los valores inscritos en México se distribuyan conforme a los siguientes criterios:

    a. Cuando menos el 50% del monto total deberá colocarse entre personas que adquieran menos del 5% del monto total de los valores objeto de inscripción.

    b. Ninguna persona podrá adquirir más del 40% del monto total de los valores objeto de inscripción.

11. Que sus estatutos sociales vigentes se ajusten a los principios de gobierno corporativo que señala la Ley. Tratándose de sociedades de nacionalidad extranjera cuyos valores se encuentren inscritos en mercados reconocidos, no será aplicable el requisito a que se refiere esta fracción, debiendo divulgar aquellos principios de gobierno corporativo que practiquen.

12. Que el secretario del consejo de administración de a conocer al propio consejo las responsabilidades de listar valores e informarle periódicamente sobre el cumplimiento con las disposiciones aplicables.

Otros requisitos

1. De información

    a. Mantener actualizada ante la Bolsa las designaciones de los funcionarios encargados de proporcionar información.

    b. Informar a la Bolsa, a través de Emisnet y de forma inmediata, sobre cualquier cambio del presidente del consejo de administración de la emisora, del director general y de directivos del nivel jerárquico alto.

c. Informar a la Bolsa cualquier cambio de ubicación de sus oficinas, teléfonos, fax y dirección de correo electrónico.

d. Informar a la Bolsa, a través de Emisnet, cualquier cambio de auditor externo encargado de dictaminar sus estados financieros, indicando las causas del cambio.

e. Aceptar que un representante de la Bolsa asista con voz, pero sin voto, a las asambleas generales ordinarias y extraordinarias de accionistas.

f. Dar a conocer a las personas que pueden tener acceso a información privilegiada e informar que se cumplió con este requisito.

g. Denunciar ante la Bolsa cualquier acto u operación contrario a los sanos usos y prácticas del mercado.

h. Proporcionar a la Bolsa durante el mes de mayo de cada año la información correspondiente al número total de acciones representativas de su capital social, certificados de participación ordinaria sobre acciones; así como las que sean propiedad de sus consejeros, de sus accionistas de control y directivos.

i. Informar sobre cualquier incremento en el número de acciones o de certificados.

j. Mantener a disposición de la Bolsa y del público inversionista, por un plazo no menor a dos años, los originales de la información impresa presentada y firmada.

k. Proporcionar a la Bolsa la información financiera, económica, contable, jurídica y administrativa, así como aquella sobre reestructuraciones corporativas relevantes y actualización de la inscripción en el RNV.

l. Informar a la BMV cuando celebre una asamblea totalitaria.

m. Presentar a la Bolsa , cuando se obtenga la inscripción en el Registro Público de la propiedad y del Comercio, la siguiente información:

I. Copia del testimonio notarial o póliza de corredor público relativa a las actas de asambleas generales ordinarias de accionistas, así como de las asambleas generales extraordinarias. Deberán incluirse los datos de inscripción en el Registro Público de Comercio.

II. Ejemplar cancelado o copia fotostática por anverso y reverso, de uno de los certificados provisionales de acciones emitidos como consecuencia de aumentos de capital social, o canjes. Y en su caso, de los títulos definitivos que se expidan.

III. La información a anterior no será aplicable a las emisoras de nacionalidad extranjera.

n. Tratándose de información financiera trimestral, la emisora deberá prepararla y presentarla a través de Emisnet.

o. Divulgar a la Bolsa, a la CNBV y al público en general, sobre cualquier evento relevante.

p. Proporcionar a la Bolsa la información que se señala a continuación:

I. Resumen de los acuerdos adoptados en las asambleas generales o especiales de accionistas.

II. Copia autentificada por el secretario del consejo de administración o por el secretario designado al efecto, de los acuerdos adoptados en asamblea general o especial de accionistas, acompañada de la lista de asistencia respectiva y firmada por los escrutadores designados. Se deberá indicar el número de acciones o títulos correspondientes a cada socio. Asimismo, deberá mencionarse el total de acciones, obligaciones o títulos representados.

III. Copia de los acuerdos adoptados por el consejo de administración sobre el ejercicio de derechos corporativos o patrimoniales.

IV. Informar sobre los avisos a los accionistas, para el ejercicio de derechos corporativos y patrimoniales.

q. Proporcionar a la Bolsa, en idioma español, la información que las emisoras entreguen en los mercados del exterior en que coticen sus valores.

r. Asimismo, deberán proporcionar aquella información que se considere relevante y que haya sido divulgada en los mercados antes mencionados.

s. Informar a la Bolsa sobre la adquisición de acciones propias.

t. Abstenerse de difundir rumores o información falsa sobre su situación o la de sus valores.

u. Utilizar de manera responsable Emisnet.

v. Proporcionar a la Bolsa cualquier otra información que ésta le requiera.

2. Financieros y otros

a. Pagar durante el mes de enero de cada año, las cuotas de mantenimiento de la inscripción que apruebe la Comisión por los servicios que le preste la Bolsa.

b. Cumplir con los requisitos de bursatilidad que determine la Bolsa.

c. Contar con un capital contable equivalente a 15 millones de unidades de inversión.

d. Que sobre las acciones o certificados de participación sobre acciones, se celebren por lo menos 36 operaciones semestrales.

e. Que el precio promedio semestral unitario de los valores sea igual o mayor a 1 peso.

f. Que el número de inversionistas sea al menos de 100.

g. Que se mantengan colocados entre el público inversionista al menos 8 millones de títulos.

h. Mantener colocado entre el público inversionista por lo menos el 12% de su capital pagado.

i. Que el secretario del consejo de administración de a conocer al propio consejo, por lo menos una vez al año, las obligaciones, responsabilidades y recomendaciones que deriven del Código de Ética, del Código de Mejores Prácticas, del Reglamento y de las demás Disposiciones aplicables, así como el grado de cumplimiento con estos últimos.

III.1.3   Cuotas

1. Aranceles aplicables a emisoras de acciones

    a. Inscripción:

Capital Contable (Millones de pesos)	Cuota Fija	Porcentaje sobre el excedente del límite inferior
Hasta 200	$ 30,000	N/A
Más de 200	$ 30,000	0.0105
El arancel máximo no excederá de $500,000		

b. Mantenimiento:

Capital Contable (Millones de pesos)	Cuota Fija	Porcentaje sobre el excedente del límite inferior
Hasta 200	$ 50,000	N/A
Más de 200	$ 50,000	0.0075
El arancel máximo no excederá de $700,000		

2. Arancel aplicable a emisiones de certificados de participación sobre canastas de acciones

   a. Inscripción:

   Cuota única de inscripción: $45,000

   b. Mantenimiento

   Cuota anual de 0.01% sobre el valor de los activos netos promedio registrados durante el año.

   El arancel por este concepto no excederá de $ 500,000.00 al año.

Consideraciones de las cuotas:

✓ Los aranceles para la inscripción de valores son anuales (Enero-Diciembre) y se cobrarán en su parte proporcional, en el caso de que la emisión se realice o cancele en alguna fecha intermedia del año en que se apliquen, excepción hecha en cuotas únicas, fijas y mínimas.

✓ Los aranceles deberán ser cubiertos por el emisor dentro de los tres días hábiles siguientes, contados a partir de la celebración de la operación de colocación, o cuando surta efectos en Bolsa el acto corporativo que corresponda.

✓ Los aranceles para el mantenimiento de inscripción de valores son anuales y se cubrirán dentro de los treinta días naturales siguientes a su facturación y se cobrarán en su parte proporcional en el caso de que la emisión se cancele en alguna fecha intermedia del año en que se apliquen, excepción hecha en cuotas únicas, fijas y mínimas.

✓ La base para el cálculo de las cuotas de inscripción a que se refiere el presente arancel, será sobre 360 (trescientos sesenta) días, multiplicado por el número de días naturales transcurridos.

✓ Se considerará para el cálculo de las cuotas de mantenimiento el Capital Contable al tercer trimestre reportado o, en su defecto, el último reportado.

III.2 Borsa Italiana (BI)

Es la bolsa de Italia y, aunque su sede se encuentra en Milán y su moneda es el Euro (€), pertenece al London Stock Exchange. En esta bolsa pueden listar empresas nacionales o extranjeras de manera primaria o secundaria, colocando directamente las acciones, o a través de DRs.

III.2.1 Requisitos generales

Estos requisitos aplican tanto para las acciones, como para los DRs.

1. Las emisoras extranjeras deben designar un patrocinador. Éste debe ser un banco, firma de inversiones o intermediarios financieros italianos o pertenecientes o no a la unión europea registrados bajo el Art. 107 de la Ley Bancaria Consolidada. En el caso de la admisión de Certificados que representen acciones (DRs), precedida por una oferta de dichos instrumentos por un sindicato, el patrocinador deberá ser el administrador general de la oferta pública o la colocación institucional.

2. Las compañías extranjeras pueden listar sus acciones en la BI independientemente de si listan en su país de origen o no.

3. La emisora debe tener una firma de auditoría apropiada para revisar sus cuentas anuales de acuerdo con lo establecido en la Ley Consolidada de Finanzas excepto cuando sean emitidos de acuerdo con las disposiciones correspondientes a la aplicación de una ley extranjera.

4. La Consob (Comisión Nacional para la Sociedad y la Bolsa Italiana) debe emitir una declaración de equivalencia de la auditoría anual de las cuentas de la empresa.

5. Entregar la solicitud. En el Anexo B, se puede encontrar el formato de dicha solicitud.

6. Demostrar que no hay impedimentos para el cumplimiento de la disposición relativa a la información que debe ponerse a disposición del público, Consob .

7. Demostrar que no hay impedimentos para el ejercicio de todos los derechos inherentes a los instrumentos financieros que quieren listar en los mercados italianos.

8. Si la emisora tiene como base un país no perteneciente a la Unión Europea, la BI verificará que los certificados que representen instrumentos financieros ofrezcan garantías suficientes para la protección de los inversionistas.

9. También una empresa puede aplicar para un listado primario en la BI, en caso de no listar en su país de origen.

10. Las compañías emisoras y entidades deben estar regularmente establecidas así como sus artículo de incorporación y por ley deben estar de acuerdo con las leyes y regulaciones a las cuales están sujetas la compañía y las entidades.

11. Los instrumentos financieros deben ser:

    a) Emitidos en cumplimiento con las leyes, regulaciones y cualquier otra provisión aplicable

    b) De conformidad con las leyes y regulaciones a las cuáles están sujetas

    c) Libremente transferibles

    d) Adecuadas para el asentamiento utilizando la solución de servicio a que se refiere el artículo 69 de la Ley Consolidada de Finanzas o, en su caso cuando así lo establezcan las disposiciones aplicables a los distintos segmentos del mercado, a través de servicios extranjeros comparables sujetos a la supervisión por la autoridad competente del país de origen.

12. Las emisoras establecidas bajo leyes extranjeras, deben demostrar que no hay impedimentos para el substancial cumplimiento de las provisiones, contenidas en estas reglas e instrucciones o en las leyes u otras regulaciones que se les apliquen, concernientes a la información que debe proporcionarse al público, a la Consob o a la BI.

13. Asimismo, se debe demostrar que no hay impedimentos en cuanto al ejercicio de todos los derechos adscritos a los instrumentos financieros admitidos para listar en la bolsa de valores.

14. La BI verificará que, en el caso de instrumentos financieros emitidos por compañías o entidades sujetas a la legislación nacional de un país no perteneciente a la Unión Europea (UE), los certificados que representen dichos

instrumentos ofrezcan garantías suficientes para la protección de los inversionistas

15. Cuando los instrumentos financieros emitidos por una compañía o entidad sujeta a la legislación de un país no perteneciente a la UE no estén listados en su país de origen o en el que son distribuidos principalmente, sólo serán admitidas después de que se haya comprobado que la ausencia de listado en el país de origen no se debe a la necesidad de proteger a los inversionistas.

16. Las acciones serán admitidas para listar cuando representen el capital de emisores que hayan publicado y llenado, de conformidad con la ley nacional, los estados financieros anuales consolidados para los últimos 3 años fiscales, de los cuales por lo menos el más reciente debe ir acompañado de la opinión de un auditor elaborada de acuerdo con el art. 156 de la Ley Consolidada de Finanzas o la provisión de ley extranjera aplicable. La admisión puede no ser concedida cuando la firma auditora haya otorgado una opinión negativa o una abstención.

17. Las compañías que hayan resultado de acciones corporativas extraordinarias o cuyos activos o pasivos hayan sufrido cambios materiales en el año financiero precedente a aquel de la solicitud de admisión o posterior, deben producir además de lo anterior:

   - Un estado de resultados pro-forma o un estado de flujos de efectivo pro-forma por al menos un año financiero terminado anterior a aquel en que se entregó la solicitud.

   - Un balance general pro-forma a la fecha de cierre del año terminado anterior al cual ocurrieron las acciones corporativas extraordinarias o ocurrieron los cambios materiales.

   - Cualquier otro documento pro-forma que se especifique.

   - Los documentos antes mencionados deberán ir acompañados por el reporte de la firma auditora que contenga la opinión sobre la razonabilidad de los supuestos básicos hechos durante la preparación de la información pro-forma, la correcta aplicación de los métodos utilizados y la correcta aplicación de las políticas contables.

   - Los estados financieros anuales individuales o consolidados y los documentos contables anuales que se utilizaron como base para la realización de los estados pro-forma mencionados en el párrafo anterior, deberán estar completamente auditados en una medida preponderante.

18. La emisora debe llevar a cabo, directamente o a través de sus subsidiarias y en condiciones de autónoma administración, una actividad capaz de generar utilidades.

19. Los activos e ingresos no deben provenir preponderantemente de una inversión o de resultados de inversiones en una compañía cuyas acciones hayan sido admitidas para ser intercambiadas en un mercado regulado.

III.2.2   Requisitos numéricos

Para ser admitidas a listar, las acciones deben satisfacer los siguientes requisitos:

a) Una capitalización de mercado previsible de al menos 40 millones de euros; La BI podrá admitir acciones con una menor capitalización de mercado cuando considere que hay un adecuado mercado para que dichas acciones se puedan desarrollar. A efectos de la admisión, las empresas que se dedican principalmente a la inversión y/o arrendamiento financiero en el ámbito de los bienes raíces deben tener una capitalización bursátil previsible de por lo menos 200 millones de euros.

b) Una adecuada distribución, que se debe presumir existe cuando las acciones que representen por lo menos el 25% del capital total representado por acciones de la misma clase, estén distribuidas entre profesionales, así como, inversionistas profesionales; Sin embargo, la BI puede considerar que éstos requisitos han sido satisfechos cuando el valor de mercado poseído por el público sugiera que existen condiciones para la operación regular en el mercado con un porcentaje menor que el especificado previamente. Para calcular dicho porcentaje:

1) No se tendrán en cuenta las participaciones de control o participaciones de los accionistas vinculados por los acuerdos o de las participaciones sujetas a restricciones de transmisibilidad de las acciones (acuerdos de cobertura) con una duración de más de 6 meses;

2) No debe considerarse el excedente de 2% de los accionistas, excepto cuando la Borsa Italiana en respuesta a una petición razonable de la emisora, otorgue una derogación después de haber evaluado la naturaleza del inversionista y el propósito de la tenencia accionaria.

3) Deben considerarse las acciones poseídas por los organismos de inversión colectiva, fondos de pensiones y las instituciones de seguridad social.

III.2.3　Cuotas

1. Cuota de admisión

- La capitalización se calcula en base al precio de oferta. En caso de empresas cuyas acciones hayan sido completamente distribuidas y no hagan una oferta pública, la capitalización se calculara con base al precio de la acción el primer día de comercialización.
- Además de la cuota de admisión, se cobrará el uso del suelo. Esta cuota no es reembolsable y se cobra la primera vez que una empresa solicitante entregue su documentación.

	Cuota por cada número de veces que se alcance la Capitalización permitida	Capitalización Permitida	Piso	
			STAR y Standard	Blue Chip
Compañías nuevas	75 Euros	500,000 Euros	25,000 Euros	75,000 Euros
Compañías que ya listan en una bolsa extranjera	40 Euros	50,000 Euros	10,000 Euros	
Nueva clase de acciones	5,000 Euros por cada clase			

2. Cuota de medio año

Esta cuota incluye la provisión por los siguientes servicios:

* Red del Sistema de Información tecnológica y estructura operativa;
* Asistencia en el cumplimiento de las funciones de regulación, con especial referencia a la gestión de información sensible al precio;
* Asistencia y apoyo en la gestión técnica de las operaciones de: fusión / spin-off , conversión, listado de líneas separadas, pago de dividendos, split / split inverso, libre adjudicación
* Prórroga de la duración de instrumentos financieros
* Iniciativas de promoción y apoyo a las actividades de relaciones con los inversores de las empresas listadas
* Libre acceso a los nuevos Estados independientes de servicios Web para empresas que cotizan en bolsa que no pertenezcan al segmento Blue chip

	Cuota por cada 500,000 Euros en capitalización	Capitalización	Piso
Empresas que ya están listadas en una bolsa extranjera	6,300 Euros		
Otras empresas	Hasta 1 billón de Euros de capitalización: 10.70 Euros Sobre el excedente de capitalización: 9.60 Euros	215,000 Euros	6,300 Euros

III.3 Deutsche Börse (DB)

Es la bolsa principal de Alemania, también conocida como Frankfurt Stock Exchange. Esta bolsa permite el listado primario o secundario de empresas nacionales y extranjeras, directo o a través de DRs. Su sede se localiza en la ciudad de Frankfurt y su moneda es el Euro (€).

III.3.1 Requisitos para listar

1. Presentar la solicitud firmada por el solicitante conjuntamente con un banco, proveedor de servicios financieros o una compañía que opere de acuerdo con lo dispuesto por DB. En el Anexo C, se puede encontrar el formato de la solicitud.

2. La emisora debe tener una existencia como compañía de por lo menos 3 años.

3. Tener la forma legal de una Alemana "Aktiengesellschaft" (AG, stock corporation) o una forma legal internacional equivalente.

4. Crear un plan de negocios que contenga historia de la empresa, objetivos de negocio y estrategias, situación legal, estructura administrativa, productos o innovaciones, mercado y competencia, proyecciones financieras para los próximos 5 años, requerimientos de capital, riesgos y oportunidades y un análisis de factores externos y riesgos y su impacto potencial en las proyecciones financieras.

5. Actas constitutivas certificadas

6. Certificado de registro comercial de la empresa

7. El valor anticipado de Mercado de las acciones o, si no es posible hacer una estimación, las utilidades de la empresa de por lo menos €1.25 millones.

8. Un mínimo de 10,000 acciones sin valor nominal.

9. Por lo menos el 25% de las acciones deben ser públicas.

10. Presentación del "Prospectus" que contenga la información acerca de la situación actual y legal de la empresa. Debe incluir Información de la emisora, estados financieros anuales de los últimos 3 años fiscales así como las notas y el reporte del auditor, reportes trimestrales o semestrales, explicación de los

resultados financieros, reporte administrativo del último año fiscal, declaración de capital de trabajo y la información sobre las acciones ofrecidas y los términos y condiciones de la oferta.

11. Primero se presenta un Prospectus provisional (para aplicar) y después de hacer los ajustes necesarios, se emite el definitivo que debe estar aprobado por la Bundesanstalt für Finanzdienstleistungsaufsicht (BaFin) Autoridad Federal de Supervisión Financiera.

III.3.2   Requisitos posteriores

a) El lenguaje de publicación es alemán, para las empresas extranjeras también puede ser inglés.

b) Publicación anual de estados financieros auditados de acuerdo a los estándares internacionales (IFRS/IAS o US-GAAP) a más tardar 4 meses después del cierre del ejercicio.

c) Publicación de un reporte provisional para los primeros 6 meses del año fiscal.

d) Cumplir con los requisitos de transparencia como la revelación de noticias importantes de la compañía, publicación del perfil corporativo y calendario financiero. Éste último debe incluir los eventos corporativos más importantes como la asamblea general anual, conferencias de prensa y reuniones con los analistas

e) Contar con adecuado Gobierno Corporativo

f) Preparación de estados financieros trimestrales y semestrales

g) Publicación de la agenda de acciones corporativas actuales en internet

h) Por lo menos una conferencia con los analistas al año

III.3.3   Cuotas

A. Cuotas de admisión de los participantes

La DB no cobra cuotas de admisión a los participantes

B. Cuotas de admisión para el intercambio de valores

Tipo de valor/ Clase de valor	Segmento de mercado	Cuota en Euros
Acciones y Certificados (DR's)	Mercado Regulado	3,000
Acciones y Certificados (DR's)	Segmento del mercado regulado con mayores obligaciones de admisión	0

C. Cuotas por la introducción de valores en la bolsa

Tipo de valor/ Clase de valor	Segmento de mercado	Cuota en Euros
Acciones Certificados que representan acciones	Mercado Regulado	2,500
Acciones Certificados que representan acciones	Segmento del mercado regulado con mayores obligaciones de admisión	0

D. Cuotas por la comercialización de valores de madurez no específica (cuota de listado)

∗ Es una cuota anual

* Se debe pagar en el trimestre en que se cumplieron las condiciones para su pago y expirarán en el trimestre en el cual las condiciones para el pago de la cuota no se cumplan.

Tipo de valor/ Clase de valor	Segmento de mercado	Cuota en Euros
Acciones Certificados que representan acciones	Mercado Regulado	7,500
Acciones Certificados que representan acciones	Segmento del mercado regulado con mayores obligaciones de admisión	10,000

III.4 London Stock Exchange (LSE)

Es la bolsa principal del Reino Unido y es reconocida como una de las bolsas más internacionalizadas del mundo debido al gran número de empresas extranjeras que han colocado sus acciones o certificados en ella. Su sede se encuentra en la ciudad de Londres, Inglaterra y su moneda es la libra esterlina (£).

III.4.1   *Requisitos generales*

a) Mínimo el 25% de las acciones deben ser públicas

b) Información financiera auditada histórica de los últimos 3 años

c) Presentar estados financieros de acuerdo con UK GAAP, US GAAP o IAS

d) Capitalización mínima del mercado de £700k

e) Por lo menos 75% de los negocios de la empresa deben estar soportados por un registro histórico de ingresos para el periodo de 3 años

f) Control sobre la mayoría de los activos de la empresa por los últimos 3 años

g) Declaración de capital de trabajo limpio (capital de trabajo suficiente por lo menos por 12 meses a partir de la fecha del prospectus)

h) Designación de asesores:

Una compañía que busca listar en el LSE debe designar los siguientes agentes antes de comenzar el procedimiento de aplicación:

- Patrocinador → Un banco de inversiones, un bróker, una casa de bolsa o una firma de contadores pueden desempeñar el papel de patrocinadores. Éste debe ser escogido de una lista de patrocinadores aprobados por el United Kingdom Listing Authority (UKLA) perteneciente a la Autoridad de Servicios Financieros (FSA por sus siglas en inglés). La función del patrocinador será guiar al candidato a través del proceso.

- Corredor corporativo → El corredor es la interface principal entre la emisora y el mercado así como con los inversionistas potenciales. La emisora puede elegir a la firma de corredores que desee.

- Contador → Su papel es ajeno al que desempeñan los auditores existentes. Es el responsable de revisar el estado financiero de la empresa y los sistemas internos para los inversionistas potenciales. Puede pertenecer a la misma firma a la que pertenecen los auditores de la empresa o, si el patrocinador lo considera adecuado, puede pertenecer a una firma distinta.

- Abogado corporativo → Se encarga de los acuerdos de la colocación. También es responsable de verificar los datos en el prospectus y otros documentos.

- Compañía de RP Financieras → Es la responsable de promover a la compañía, crear la presentación para los analistas y aconsejar a la empresa en cuanto a estrategias de relaciones con los inversionistas.

Los asesores revisarán la situación de la empresa y harán los cambios necesarios en su estructura para poder recomendarla al LSE o, en caso de que la empresa no cumpla con los requisitos necesarios de gobierno corporativo, revelación de información y organización, la descalificará.

El patrocinador debe solicitar la inscripción a la UK Listing Authority (UKLA) y al London Stock Exchange (LSE)

III.4.2   *Procedimiento de inscripción en el LSE*

A) Comunicación.- Una vez que se revisaron las áreas problemáticas y se aceptó a la empresa como candidata a listar, la empresa debe designar un contacto dentro de la organización quien será responsable de comunicarse con el LSE, tanto en el proceso inicial de solicitud, como en el futuro. El contacto debe ser alguno de los directores o empleado de un alto puesto.

B) Solicitud.- La empresa debe presentar los siguientes documentos en inglés y de manera electrónica:

     a. Forma 1 y documentación de apoyo.- Debe ser presentada por lo menos 10 días antes de la fecha en la cual se solicita que el LSE considere la solicitud. Ésta forma es provisional, la forma final se entregará después de que el prospectus haya sido aprobado primero por el UKLA y finalmente por el LSE. En el Anexo D.2, se encuentra la Forma 1.

b. Los siguientes documentos deben presentarse por lo menos 2 días antes de la fecha en la que se solicita la consideración o revisión de la solicitud:

i. Solicitud de inscripción (Forma 1) definitiva, firmada por un oficial autorizado de la emisora

ii. Copia electrónica del Prospectus, prospecto de colocación, pasaporte, circulares, anuncios o cualquier otro documento relacionado con la emisión; así como las copias de cualquier anuncio de reunión a los que se refieran dichos documentos.

iii. El Prospectus debe contener información referente a la empresa, sus objetivos y políticas de inversión, fechas de emisión de reportes, repartos y datos contables, información de los valores y del director de valores autorizado, datos de los directivos, asesor de inversiones y auditores, así como los contratos y relaciones con terceros y los datos del registro de accionistas, entre otros. Ver Anexo D.1, para la descripción completa de la información que debe contener.

iv. Confirmación escrita del número de valores asignados o emitidos con arreglo de acuerdo con la resolución del consejo. (A más tardar a las 7:30 del día en que se espera que la admisión se efectúe)

c. El solicitante deberá guardar una copia de la resolución en sus archivos por 6 años, así como una copia del anuncio del servicio de información regulada (Regulated Information Service) referente a la admisión.

III.4.3   *Procedimiento de inscripción en el UKLA*

1. Además de los mencionados anteriormente, los siguientes documentos firmados por el patrocinador:

2. Entregar la solicitud y una declaratoria completa de los accionistas. Ver los Anexos D.4 y D.5, para los formatos correspondientes.

3. Una declaratoria completa sobre la fijación de precios. Ver Anexo D.3 para el formato de la misma.

4. Someterse a los principios de listado:

   a. Tomar pasos razonables para permitir a los directivos entender sus responsabilidades y obligaciones como directivos.

   b. Tomar pasos razonables para establecer y mantener procedimientos adecuados, sistemas y controles que permitan que ésta cumpla con sus obligaciones

   c. Actuar con integridad hacia los accionistas y accionistas potenciales de sus acciones listadas

   d. Comunicar información a los accionistas y accionistas potenciales de manera que evite la creación o continuación de un mercado falso de sus acciones listadas

   e. Asegurar el trato igualitario para todos los accionistas de la misma clase con respeto de sus derechos

   f. Tratar con la FSA de una manera abierta y cooperativa.

   g. Las empresas están obligadas a presentar informes financieros semestrales, pero si la emisora está registrada en un país no perteneciente a la Comunidad Económica Europea cuyas leyes se consideren equivalentes a las de la FSA, está exenta de las reglas de presentación de los mismos pero continúa obligada a:

      ❖ La presentación de la información con la FSA

      ❖ Disposiciones de lenguaje; y

      ❖ Difusión de las disposiciones relativas a la información

   h. El solicitante para la colocación de acciones o valores convertibles en sus acciones debe haber publicado o presentar cuentas auditadas que:

      ❖ Cubran por lo menos 3 años

❖ Sean las cuentas más recientes para un periodo terminado no más de 6 meses antes de la fecha del prospectus para los valores

❖ Sean cuentas consolidadas para el solicitante y todas sus subsidiarias

❖ Hayan sido auditadas de manera independiente, de acuerdo con los estándares de auditoría aplicables en la Unión Europea o un estándar equivalente y

❖ Hayan sido reportados por los auditores sin modificación alguna.

III.4.4   Otros requisitos

El solicitante debe:

❖ Tomar todos los pasos razonables para asegurar que el auditor sea independiente de él.

❖ Obtener confirmación escrita del auditor que confirme que cumple con los lineamientos de independencia emitidos por las organizaciones de contaduría y auditoría de su país.

❖ Demostrar que por lo menos el 75% de su negocio está soportado por ganancias históricas que abarcan el período para el que las cuentas sean exigidas. (La FSA tomará en cuenta activos, rentabilidad y capitalización de mercado del negocio)

❖ Demostrar que controla la mayoría de sus activos y lo ha hecho por al menos 3 años.

❖ Demostrar que su actividad principal será el manejo de un negocio independiente.

III.4.5   Cuotas

1. De admisión para listar acciones

Para determinar la cuota de admisión, en la tabla:

* Localizar la capitalización de mercado correspondiente a las acciones que se pretende sean admitidas, columna (a).

* Multiplicar el excedente de la columna (a) "mayor o igual a" por la cifra correspondiente en la columna (b).

* Sumar el resultado a la "cuota máxima" de la capitalización anterior de la columna ©.

En caso de que se quiera listar más de una clase de acciones, se cobrará una cuota para cada clase de acciones.

El VAT (*Value Added Tax*, es el impuesto al valor agregado que se utiliza en la Unión Europea. Cada país fija la tasa que considera adecuada) actual de 17.5% debe sumarse a la cuota cuando sea aplicable.

Si la capitalización de mercado de las acciones emitidas no excede £50,000, no se paga cuota de admisión.

Capitalización de mercado (En millones de libras)		Incremento por millón (b)	Incremento máximo	Cuota máxima (c)
(a) Mayor o igual a	Menor a			
0	5	Cuota mínima		5,870.00
5	10	1,172.70	5,863.50	11,733.50
10	50	589.15	23,566.00	35,299.50
50	250	294.00	58,800.00	94,099.50
250	500	130.40	32,600.00	126,699.50
500	1,000	59.50	29,750.00	156,449.50
1,000	2,000	36.60	36,600.00	193,049.50
2,000	-	17.20	100,350.50	293,400.00
-	-	Cuota Máxima	-	293,400.00

2. De admisión para DRs

Para determinar la cuota de admisión:

* Localizar la capitalización de mercado de los valores que se pretende sean admitidos

* Multiplicar el excedente sobre la columna (a) "mayor o igual a" por la cantidad correspondiente de la columna (b)

* Sumar el resultado a la cuota máxima de la capitalización de mercado anterior columna (c)

En caso de que se quiera listar más de una clase de acciones, se cobrará una cuota para cada clase de acciones.

El VAT actual de 17.5% debe sumarse a la cuota cuando sea aplicable.

Capitalización de mercado (En millones de libras)		Incremento por millón (b)	Incremento máximo	Cuota máxima (c)
(a) Mayor o igual a	Menor a			
0	18	Cuota mínima		16,446.70
18	50	589.15	18,852.80	35,299.50
50	250	294.00	58,800.00	94,099.50
250	500	130.40	32,600.00	126,699.50
500	1,000	59.50	29,750.00	156,449.50
1,000	2,000	36.60	36,600.00	193,049.50
2,000	-	17.20	100,350.50	293,400.00
-	-	Cuota Máxima	-	293,400.00

3. Cuotas anuales

Las cuotas anuales aplican tanto para las acciones como para los DRs.

Para determinar el monto de la cuota anual:

✓ Redondear la capitalización de mercado al millón de libras inmediato

✓ Localizar la capitalización de mercado correspondiente en la columna (a).

✓ Multiplicar el excedente sobre la cantidad de la columna (a) "mayor o igual a" por la cantidad correspondiente de la columna (b)

✓ Sumar el resultado a la cuota máxima de la capitalización de mercado anterior columna (c)

Capitalización de mercado (En millones de libras)		Incremento por millón (b)	Incremento máximo	Cuota máxima (c)
(a) Mayor o igual a	Menor a			
0	25	Cuota mínima		5,925.00
25	1,025	11.85	11,850.00	17,775.00
1,025	-	Cuota Máxima	-	17,775.00

Las cuotas anuales se facturan en la primera semana de Abril por los 12 meses empezando el 1° de Abril y deben pagarse dentro de los 30 días siguientes a la fecha de facturación.

Cuando la admisión ocurra después del 30 de noviembre, la capitalización de mercado que se usará será la existente en el momento de la admisión.

Para los nuevos solicitantes se aplicará un prorrateo anual a partir de la fecha de admisión y hasta el 31 de marzo.

III.5 Moscow Interbank Currency Exchange (MICEX)

Es la bolsa principal de Rusia y una de las más importantes de Europa del este. Su sede se localiza en Moscú y su moneda es el Rublo (RUB).

Actualmente, la legislación Rusa no permite a las empresas extranjeras listar en el MICEX, sin embargo, la reforma al sistema financiero que acepta la existencia de certificados de tenencia accionaria rusos (Russian Depositary Receipts) ya ha sido aprobada y se espera que pronto entren en circulación. De ser así, inicialmente estarán disponibles sólo para empresas rusas que ya posean DRs en otras bolsas o para las que aunque tengan sus activos en el extranjero, sean rusas.

Aun cuando las empresas extranjeras no puedan listar en el MICEX, a continuación se presentan los requisitos para hacerlo, como punto de referencia.

III.5.1   Requisitos para listar

1. Conseguir un agente aprobado por el Servicio Federal para los Mercados Financieros (FSFM → Federal Service for Financial Markets)

2. Presentar por escrito la decisión de emitir acciones por parte de la junta directiva o el órgano que de acuerdo a la ley, ejerza las funciones de ésta. El documento debe contener:

    a. Denominación o razón social de la emisora y dirección.

    b. Fecha de la decisión tomada.

    c. La denominación del órgano autorizado a la cual fue dirigida la decisión de colocar las acciones

    d. Descripción del tipo y clase de valores o acciones

    e. Los derechos de los accionistas inherentes a los valores.

    f. Indicación del número de valores emitidos.

g. Indicación sobre si los valores se registrarán o serán pagaderos al portador.

h. El valor nominal de los valores emitidos de acuerdo con las leyes de la Federación Rusa.

i. La firma de quien ejerce las funciones del órgano ejecutivo de la emisora y el sello de la emisora.

j. Cualquier otra información que la ley establezca o que la autoridad requiera.

k. En caso de la emisión de certificados, se deberá adjuntar la descripción o boceto del certificado.

3. Presentar el documento anterior en 3 copias. Después del registro estatal de la emisión, una de las copias deberá ser conservada por el órgano registrador y las otras 2 deberán ser guardadas por la emisora.

4. En caso de certificados (ADR's o GDR's), el certificado mismo y el documento de la decisión, son los documentos que certifican los derechos adjuntos a los valores. En caso de la emisión de valores no documentados, sólo lo será el documento de la decisión

5. El certificado de acciones deberá contener los siguientes elementos:

a. Denominación de la emisora y su dirección

b. Tipo y clase de los valores representados por el certificado.

c. El número de registro estatal de la emisión de valores y la fecha en que se llevó a cabo dicho registro.

d. Los derechos del tenedor.

e. El número de valores representados por el certificado.

f. El número total de valores de la emisión.

g. La indicación sobre si los valores emitidos están sujetos a una tenencia centralizada obligatoria y de ser así, la denominación de la sociedad depositaria que efectúa la tenencia centralizada.

h. La indicación de que los valores son emitidos al portador.

i. La firma de quien ejerce las funciones del órgano ejecutivo de la emisora y el sello de la emisora.

j. Cualquier otra información que la ley establezca o que la autoridad requiera.

6. Presentar el Prospectus. Éste debe contener:

a. Una introducción general de la información detallada posteriormente;

b. Información breve sobre las personas pertenecientes a los órganos de gobierno de la emisora.

c. Información sobre cuentas bancarias, el auditor, evaluador, consultor financiero de la empresa, así como de cualquier otra persona que firme el Prospectus.

d. Información acerca del volumen, tiempos, procedimiento y términos de la colocación de los valores.

e. Información básica acerca de las condiciones financieras y económicas de la emisora, así como de los factores de riesgo.

f. Información sobre las actividades financieras y de negocios de la emisora.

g. Información detallada acerca de las personas pertenecientes a los órganos de gobierno de la emisora, de los órganos controladores de las actividades financieras y de negocios de la misma y la información breve de los empleados de la emisora.

h. Información sobre los accionistas de la emisora y de las transacciones de interés realizadas por la emisora.

i. Los reportes contables de la emisora así como cualquier otra información financiera.

j. Información detallada sobre el procedimiento y términos de la colocación de los valores. Asimismo, la información adicional sobre la emisora y los valores colocados por ella.

7. Dentro de los 30 días siguientes a la colocación de los valores, la emisora deberá emitir un reporte sobre los resultados de la solicitud de colocación al órgano de registro. Éste reporte deberá contener:

    a. La fecha del inicio y fin de la colocación de los valores.

    b. El precio real de los valores colocados.

    c. El número de valores colocados.

    d. La cantidad total de recursos recibidos para la colocación de los valores, incluyendo:

        i. La cantidad pagada en rublos por los valores colocados.

        ii. La cantidad de moneda extranjera pagada por los valores colocados expresada también en la moneda de la Federación Rusa a la tasa marcada por el Banco Central de Rusia al momento de la contribución.

        iii. La cantidad de activos tangibles e intangibles, dados como pago para la colocación de los valores, expresados en rublos.

    e. El reporte debe indicar, en el caso de acciones, además, la lista de accionistas que poseen un bloque de los valores emitidos, el monto del cual será determinado por la FCSM.

8. Simultáneamente, al reporte del resultado de la emisión de acciones, se deberá entregar al órgano de registro una solicitud para registro; así como los documentos que muestren el cumplimiento de la emisora con los requisitos de las leyes de la Federación Rusa para el procedimiento y términos de la colocación de acciones, la presentación del reporte del resultado, la revelación de información y cualquier otro requisito necesario para la colocación de las acciones.

III.5.2   *Requisitos financieros*

1. Capitalización mínima → La capitalización de la empresa es la que determina el tipo de acciones que se listarán:

Tipo de acción	Nivel	Capitalización necesaria en rublos
"A" comunes	Primer	10 billones
"A" preferentes	Primer	3 billones
"A" comunes	Segundo	3 billones
"A" preferentes	Segundo	1 billón
"B" comunes		1.5 billones
"B" preferentes		500 millones

2. Volúmenes mínimos de transacciones antes del listado → Se basan en el valor mensual de las transacciones con acciones no listadas llevadas a cabo en una bolsa de valores. Dichos valores se calculan con una base de 3 meses y constituye:

Tipo de acción	Nivel	Volumen de transacción en rublos
"A"	Primer	25 millones
"A"	Segundo	2.5 millones
"B"		1.5 millones

3. Concentración de capital

Tipo de acción	Tenencia máxima de capital accionario común	Otros requisitos
"A"	75%	La emisora ha asumido la obligación de informar a la bolsa si un accionista llega a tener más del porcentaje permitido del capital accionario común en un lapso de 5 días posteriores al conocimiento de dicho evento.
"B"	90%	

4. Requisitos de existencia

Las emisoras de acciones de Primer y Segundo nivel "A" deben tener una existencia de por lo menos 3 años para poder listar.

Las emisoras de acciones "B" deben tener una existencia de por lo menos un año para poder listar.

Si la emisora es resultado de una reorganización, puede ser exenta de los requisitos de existencia si ha existido por lo menos 6 meses, reveló información en forma de reportes trimestrales por lo menos una vez y las acciones de las entidades predecesoras estuvieron listadas por lo menos en una bolsa de valores.

5. Estados Financieros

Las emisoras de acciones tipo "A" deben tener estados financieros preparados de acuerdo con las IFRS y/o US. GAAP y deben asumir la obligación de mantener y revelar los estados financieros auditados en ruso.

6. Gobierno Corporativo

Emisoras de acciones tipo "A":

Tener un comité de compensación o consejo de administración.

Tener políticas por escrito sobre los principios y reglas de revelación de información.

Revelar en el Prospectus y en los reportes trimestrales, las compensaciones pagadas a la junta directiva y consejo de administración sin necesidad de especificar la cantidad por persona.

III.5.3   Cuotas

1. Cuotas de admisión.- Pago por listar en MICEX y revisión de emisoras corporativas y fondos de inversión por un experto

Tipo de acción (QL)	Listado (En rublos, VAT no incluido)	Evaluación de un experto En rublos, VAT no incluido
"A"1	60 000	90 000
"A"2	45 000	90 000
"B"	15 000	90 000

2. Pago por mantener las acciones listadas en MICEX SE

Tipo de acción (QL)	Cuota anual En rublos, VAT no incluido
"A"1	15 000
"A"2	12 000
"B"	6 000

III.6 New York Stock Exchange (NYSE)

Es la bolsa principal de los Estados Unidos, considerada como la principal bolsa del mundo y el centro de las finanzas mundiales. Es reconocida también por el gran número de empresas que se encuentran listadas en ella, no sólo nacionales sino también extranjeras. Su sede se localiza en la ciudad de Nueva York y su moneda es el dólar ($ USD).

III.6.1   Acciones

Requisitos generales

1. Designación de agentes.- La compañía debe designar un agente de transferencia y un registrador, éstos deben ser aprobados por el NYSE. La mayoría de los grandes bancos y las sociedades fiduciarias en los EUA están aprobadas para actuar en dichas capacidades. También la misma emisora puede actuar como ambos siempre y cuando el NYSE lo autorice.

2. Información necesaria para llevar a cabo una revisión confidencial de elegibilidad:

    a. Copia certificada de la Carta y por la ley (traducido al inglés).

    b. Las muestras de los certificados de comercio existentes o para ser negociados en el mercado de los EUA. Asimismo, una copia de cualquier acuerdo de depósito, si procede.

    c. Los informes anuales a los accionistas durante los últimos cinco años. (Dos copias del último año.) Si no hay versión en inglés disponible, proporcionar la traducción de los últimos tres años de informes.

    d. El Prospectus más reciente disponible abarcando una oferta de acuerdo con la Ley de Valores de 1933 y de la última presentación anual de la SEC (Securities and Exchange Commission), en su caso. En caso de que ningún documento de la SEC esté disponible, proporcionar una copia del documento más reciente utilizado en relación con una oferta de valores al público o a los accionistas existentes, así como cualquier presentación hecha con cualquier autoridad reguladora.

e. La Declaración para Votación por Poderes o el material equivalente puesto a disposición de los accionistas para la reunión anual (general) más reciente (traducido al inglés).

f. Los horarios de distribución de valores en EUA y en todo el mundo

g. Datos complementarios para ayudar al NYSE a determinar el carácter de la cuota de distribución y el número de acciones públicas. Ésta información debe ser proporcionada tanto para las tenedoras en EUA y en todo el mundo:

    i. Los nombres de los 10 más grandes titulares.

    ii. Organizaciones pertenecientes al NYSE tenedoras de 1000 o más acciones o de otras unidades.

    iii. Una lista de las bolsas de valores o de otros mercados en los que los valores de la sociedad sean actualmente comercializados, así como la gama de precios y el volumen de dichos valores durante los últimos cinco años.

    iv. Del stock propiedad o que se sabe que sea controlado por;

        1. Directores, funcionarios y sus familiares inmediatos.

        2. Otras participaciones del 10% o más.

    v. Cualquier tipo de restricción (y los detalles de la misma) en relación a las acciones de la empresa.

    vi. Estimación de tenencia de empleados de puestos bajos

    vii. Acciones de la sociedad poseídas en participación de beneficios, ahorros, pensiones, o planes similares para beneficio de los empleados de la empresa.

h. Si la empresa tiene subsidiarias parcialmente poseídas, detalle de propiedad (pública o privada) del resto (así como cualquier director o funcionario con propiedad en la misma).

i. Una lista de los banqueros principales de la empresa y una declaración de tenencia de acciones del solicitante por alguno de dichos banqueros que exceda el 5% del total de las acciones.

j. La identidad de cualquier organismo regulador que regule a la empresa o cualquier porción de sus operaciones. Describir el alcance y el impacto de dicha reglamentación en materia fiscal, contable, control de divisas, etc.

k. Identificación de los principales directores y funcionarios de la empresa por su nombre, título y principal ocupación.

l. Número total de los empleados y el estado general de las relaciones laborales.

m. Una descripción del material de los litigios pendientes y una opinión en cuanto al impacto potencial sobre las operaciones de la empresa.

3. Requisitos de distribución, tamaño y precio:

a. Número de accionistas, tenedores de 100 o más acciones: 5000 en el mundo

b. Número de acciones públicas en el mundo 2.5 millones.

c. Valor de mercado de acciones públicas (A) de 100 millones USD. Las acciones tipo A son acciones poseídas por directores, oficiales o los familiares inmediatos y otros holdings concentrados de 10% o más, se excluyen al calcular el número de acciones públicas.

4. Requisitos de estándares financieros. Las empresas deben satisfacer uno de los siguientes estándares financieros:

a. Pruebas de ganancias.- Las ganancias antes de impuestos de operaciones continuas y después de intereses minoritarios, amortización y el capital derivado de ganancias y/o pérdidas de partes relacionadas, deben ser de por lo menos $100,000,000 totales, adicionales para los últimos 3 años fiscales, con un mínimo de $25,000,000 en cada uno de los 2 años fiscales más recientes.

i. Ajuste adicional disponible para devaluación de moneda extranjera. Ajustes no operativos cuando estén asociados con la traducción de ajustes que representan una devaluación significativa de la moneda de un país. Los ajustes no deben incluir aquellos relacionados con las pérdidas y ganancias normales de la moneda.

    ii. La conciliación con los US GAAP de tres años atrás sólo será requerida si el NYSE determina que la conciliación es necesaria para demostrar que el umbral de los $100,000,000 agregados ha sido cumplido.

b. Pruebas de valuación de ganancias.- Las compañías listadas bajo éste estándar deben satisfacer el inciso a (Valuación de ganancias con prueba de flujo de efectivo) o b (Prueba pura de valuación de ganancias)

    i. Valuación de ganancias con prueba de flujo de efectivo

        1. Por lo menos $500,000,000 USD en capitalización global de mercado.

        2. Por lo menos $100,000,000 en utilidades durante el periodo de 12 meses más reciente y

        3. Por lo menos $100,000,000 de flujos de efectivo agregados para los últimos 3 años fiscales, en donde cada uno de los 2 años más recientes reporte un mínimo de $25,000,000, ajustados.

    ii. Prueba pura de valuación de ganancias

        1. Por lo menos $750,000,000 en capitalización global de mercado, y

        2. Por lo menos $75,000,000 en utilidades durante el año fiscal más reciente

Documentos necesarios para listar

A. Solicitud de listado (Listing Application). En el Anexo E.1 se encontrará este formato.

B. Políticas y procedimientos de colocación del NYSE

    a. Políticas y procedimientos; Instrucciones

    b. Formatos de declaratoria entendimiento:

        i. Transferencias y Oferta Pública Inicial (IPO)

        ii. Escisión (Spin-off)

        iii. Fusión (Merger)

C. Formato de decisión de colocación

D. Formato de aceptación de listado. Ver Anexo E.2 para encontrar éste formato.

E. Formato de aceptación de cuotas de listado. En el Anexo E.3 se encontrará este formato.

F. Formato de cronograma de distribución de acciones. En el Anexo E.4 se puede encontrar este formato.

G. Memorándum respecto a dividendos no pagados, derechos no establecidos y fechas récord. Éste documento se puede encontrar en el Anexo E.5.

H. Documentación probatoria:

    a. Resoluciones Corporativas

    b. Opiniones del Consejo (como justificación)

    c. Forma 8-A / 20-F / 40-F

    d. Carta muestra respecto a la regla 315

I. Información ejecutiva

Asimismo, es necesario que las empresas muestren que cumplen con altos estándares de Gobierno Corporativo como:

1) Independencia de los directivos

2) Sesiones ejecutivas

3) Designación de Comités de Gobierno Corporativo

4) Comité de compensación

5) Comité de auditoría (de acuerdo con los requerimientos marcados por el NYSE)

6) Aprobación de los accionistas de los planes de compensación de valores.

7) Código de conducta y ética del negocio

8) Revelación de Información

9) Certificación anual

10) Creación y mantenimiento de un sitio web de acceso público

El NYSE puede emitir una carta de amonestación pública a cualquier empresa listada que viole alguno de los estándares establecidos por el NYSE.

III.6.2 *American Depositary Receipts*

Requisitos para listar un ADR:

* Para listar ADR's, la compañía debe buscar un patrocinador (American Depository Bank)

* Redactar un prospectus

* Llenar la Forma 20-F (Ver Anexo E.6)

* Llenar la Forma F-6 (Ver Anexo E.7)

* Conciliación o preparación de estados financieros de acuerdo con las US GAAP

* Cumplir con los requisitos de reportes periódicos

* Certificaciones acerca de la efectividad de la empresa en cuanto a control interno, reportes financieros, controles de revelación y procedimientos relacionados con la presentación de los reportes anuales.

* Cartas de confort por parte del auditor; una para efectiva al día de registro y otra efectiva al inicio de transacciones.

* Hacer una presentación (road-show) a inversionistas potenciales, ejecutivos y analistas.

* Además de los requisitos de revelación, transparencia y gobierno corporativo antes mencionados.

III.6.3   Requisitos para registro en la SEC

Además de calificar bajo los estándares de la bolsa, todos los valores deben ser registrados bajo el Securities Exchange Act of 1934 bajo la sección 12(b):

Procedimiento para registro

Un valor puede ser registrado en un mercado de valores nacional, por la emisora mediante el llenado de una solicitud (y presentación del original por duplicado de los mismos a la Comisión, según lo exija ésta). Dicha solicitud debe contener:

1. Información detallada referente a la emisora y cualquier persona que, directa o indirectamente, controle o sea controlada por, o se encuentre bajo control común directo o indirecto con, la emisora y cualquier garante del principal o de los intereses de la acción, o ambos, según la Comisión, mediante normas y reglamentos exija, según sea necesario o apropiado en el interés público o para la protección de los inversores, respecto de los siguientes:

    a. La organización, estructura financiera y naturaleza del negocio

    b. Los términos, posiciones, derechos y privilegios de las diferentes clases de valores colocados

    c. Los términos bajo los cuales los valores han de ser, y durante los 3 años anteriores hayan sido, ofrecidos al público u otros

d. Los directivos, oficiales y suscriptores, y cada tenedor de valores registrado que posea más de 10% de cualquier clase de cualquier valor accionario de la emisora (excepto los valores exentos), su remuneración e interés en los valores de, y sus contratos materiales con, la emisora y cualquier persona que, directa o indirectamente, controle o sea controlada por, o se encuentre en control común directo o indirecto con, la emisora.

e. Remuneración de otros, además de los directivos y oficiales, que exceda los $20,000 USD anuales.

f. Acuerdos de bonos y reparto de utilidades

g. Contratos administrativos y de servicios

h. Opciones existentes o que serán creadas respecto de sus valores

i. Contratos materiales, que no hayan sido hechos en la actividad normal de la empresa, que vayan a ser ejecutados total o parcialmente en el momento o después de la presentación de la solicitud o que hayan sido hechos no más de 2 años antes de dicha presentación, y cualquier material de patente o contrato por derechos de material de patente se considerará un contrato material

j. Balances para los 3 años fiscales precedentes, certificados, si se requiere de acuerdo con las reglas y regulaciones de la Comisión, por una firma de contadores públicos registrada

k. Estados de pérdidas y ganancias de los 3 años fiscales precedentes, certificados, si se requiere de acuerdo con las reglas y regulaciones de la Comisión, por una firma de contadores públicos registrada

l. Cualquier otro estado financiero que la Comisión considere necesario o apropiado para la protección de los inversionistas

2. Las copias de actas constitutivas, estatutos, contratos fiduciarios, o los documentos correspondientes por cualquier nombre conocidos, acuerdos suscritos, y otros documentos similares de, así como los acuerdos de voto de confianza respecto a la emisora o cualquier persona directa o indirectamente

controlada o en control de, o bajo control común directo o indirecto con, la emisora según la Comisión lo considere necesario o apropiado para la adecuada protección de los inversionistas y para asegurar una transacción justa del valor.

3. Las copias de contratos materiales, a las que se refiere el párrafo 1.i, según la Comisión lo considere necesario o apropiado para la adecuada protección de los inversionistas y para garantizar una transacción justa del valor.

III.6.4   Cuotas

Existen 2 tipos de cuotas para las empresas listadas, las cuotas de colocación o listado (listing fees) y las cuotas anuales (annual fees) y el total de cuotas pagadas por año no puede exceder los $500,000 USD.

A. Cuotas por listar

Número de acciones emitidas	Cuota por acción (USD)
Hasta 75 millones	$0.0048
Más de 75 y hasta 300 millones	$0.00375
Más de 300 millones	$0.0019

o La primera vez que una emisora lista una clase de acciones comunes, la emisora también estará sujeta a un cargo único de $37,500 USD adicional a la cuota de colocación correspondiente.

o Las cuotas de colocación mínimas y máximas aplicables a la primera vez que una emisora lista una clase de acciones comunes son de $150,000 y $250,000 USD respectivamente. Dichas cantidades incluyen el cargo especial adicional de $37,500 USD.

B. Cuota anual

- Se calculan para cada clase o serie de valores listados de acuerdo con el número de acciones emitidas y colocadas, incluyendo acciones de la tesorería y acciones restrictivas.

- En el primer año de listado, se cobrarán las cuotas anuales a la emisora en el momento en que lista, prorrateando la cuota anual desde la fecha de listado hasta el final del año. Al inicio de cada año subsecuente, el NYSE facturarán las cuotas anuales aplicables a dicho año.

- La cuota anual para cada clase de valor accionario listado es igual a la mayor de la cuota mínima o la cuota calculada en base a cada acción:

Tipo de valor	Cuota mínima	Cuota por acción
Clase primaria de acciones comunes	$38,000*	$0.00093
Cada clase adicional de acciones comunes (Incluyendo tracking stocks)	$20,000	$0.00093
Clase primaria de acciones preferentes (Si no existe una clase de acciones comunes listada)	$38,000*	$0.00093
Cada clase adicional de acciones preferentes (Ya sea la clase primaria de acciones comunes o preferentes)	$5,000	$0.00093
Cada clase de warrants	$5,000	$0.00093

Estas cuotas se aplican a partir del 1° de Enero de 2006

En la medida en que un emisor tenga más de una clase de acciones comunes listadas, la clase con el mayor número de acciones en circulación se considerará la clase primaria de acciones comunes. El mismo análisis es aplicable cuando un emisor tenga más de una clase de acciones preferentes, pero ninguna clase de acciones comunes listadas.

Cuando un emisor liste una clase de acciones comunes, así como una clase de acciones preferentes, las tasas anuales de las acciones preferentes se facturarán de acuerdo con la tasa aplicable a una clase adicional de acciones preferentes.

III.7 Paris Stock Exchange (EURONEXT)

Es la principal bolsa francesa y pertenece al mercado Euronext. Éste mercado, une las bolsas de Paris, Lisboa, Amsterdam y Bruselas de manera que las acciones listadas en cualquiera de ellas, son visibles en todas las demás bolsas pertenecientes a dicho mercado. También está unida LIFFE, una parte de la bolsa Londres que maneja derivados. En 2007, el NYSE se unió a Euronext para crear la primera bolsa trasatlántica del mundo; con esta fusión las empresas pueden listar en cualquier bolsa y ser visibles en ambas. A la unión del NYSE se sumó Arca, que incluye a las bolsas de Chicago y San Francisco.

La sede de Euronext se localiza en Paris y la principal moneda es el Euro (€).

III.7.1   Requisitos generales

1. Seleccionar un Proveedor de Servicios de Inversión (ISP). Éste debe ser un banco o una institución financiera aprobada por NYSE Euronext, por lo general un banco.

2. Registrar a un contacto y sus datos. Ésta persona será la que mantendrá la comunicación entre la empresa y Euronext.

3. Distribución mínima del 25% del capital accionario o 5% si éste representa por lo menos €5 millones. Ésta disposición aplica también en el caso de DRs.

4. Al momento de la admisión, presentar Estados financieros auditados de 3 años, consolidados cuando aplique, elaborados de acuerdo a los principios contables del país en el cual la empresa tenga registrada su oficina principal, IFRS o cualquier otro estándar contable aprobado por las regulaciones nacionales para el periodo cubierto por la información financiera. Si el cierre del año fiscal fue más de 9 meses antes de la fecha de admisión, la emisora debe publicar o presentar cuentas semi-anuales auditadas. Ésta disposición aplica también en el caso de DRs.

5. Entregar la solicitud. No existe un formato establecido para la solicitud.

6. La empresa debe entregar, además de la solicitud, deberá presentar a los mercados relevantes pertenecientes a Euronext (Euronext Amsterdam, Euronext Brussels, Euronext Lisbon, Euronext Paris and LIFFE A&M):

    a. Un contrato escrito para comprometerse a:

        i. Informar a Euronext si algo de la información presentada en la solicitud ha cambiado.

        ii. Cumplir con las reglas y cualquier modificación a éstas

        iii. Cumplir con cualquier medida impuesta por Euronext

        iv. Cumplir con las obligaciones establecidas

        v. Cumplir con las obligaciones bajo las regulaciones nacionales acerca de las obligaciones de revelación de información apropiada al inicio o durante el listado

    b. Cubrir las cuotas correspondientes

    c. Un acuerdo de listado firmado por la emisora y sustentado por el agente de listado, si Euronext lo considera necesario.

    d. La documentación que muestre evidencia satisfactoria de que:

        i. La situación legal y la estructura de la emisora son acordes a las leyes y regulaciones aplicables (tanto en cuanto a su constitución como a su operación de acuerdo a la asociación).

        ii. La situación legal de los valores está acorde a las regulaciones y leyes aplicables.

        iii. Un agente pagador o un agente de transferencias ha sido nombrado sin costo alguno para los accionistas.

        iv. La administración de eventos corporativos y pago de dividendos están asegurados.

    e. Copia del borrador del Prospectus relativo a la emisión, firmado por la emisora.

f. Documentación corporativa que autorice la emisión.

g. Una declaración de la emisora referente a la cantidad o número de valores emitidos al momento de la solicitud.

7. Entregar el Prospectus final aprobado por el regulador. Éste debe contener la información necesaria que permita a los inversionistas tener una asesoría adecuada acerca de los activos, pasivos, posición financiera, ganancias, pérdidas y prospectos de la compañía así como los detalles y derechos adjuntos a los valores. El documento debe ser aprobado por la Directiva de Prospectos de la Unión Europea y por la autoridad reguladora de servicios financieros, posteriormente se entrega al NYSE Euronext para que el comité de listado lo apruebe.

8. Presentar las cartas compromiso de la empresa para con el banco de inversión y con el contador.

9. Elaboración de un paquete de confort que contengan una o más opiniones legales con respecto a la idoneidad de la empresa para la inclusión (cuyo contenido dependerá de la naturaleza de la empresa y sus negocios).

10. Otros accesorios de documentación incluyen las guías para la buena gestión empresarial aplicable al régimen de una empresa que cotice en bolsa, junto con nuevos contratos para directores y empleados clave.

11. Como parte del proceso de comercialización, los bancos de inversión deben producir informes de investigación y, más tarde, giras para generar el interés en el listado.

12. Todos los documentos deben ser revisados por la empresa y el equipo jurídico del banco de inversión.

III.7.2 Requisitos financieros

℘ Cumplir con los estándares contables (IFRS o GAAP de EUA, Canadá o Japón).

℘ Publicar estados financieros auditados y no auditados anuales, así como un reporte trimestral de ventas mediante comunicado de prensa.

℘ Revelar información referente a la compañía que pueda afectar a ésta o al precio de los valores.

℘ La información debe ser presentada en inglés o cualquier idioma aprobado y, de ser necesario, traducida por un traductor certificado.

III.7.3   *Depositary receipts*

Los DR's pueden ser admitidos si, al momento de la solicitud de admisión:

1) Los valores subyacentes están listados en un mercado regulado o, fuera de la Unión Europea, u otro mercado organizado sujeto a estándares equivalentes; o
2) Si existe certeza adecuada de que dichos valores subyacentes serán admitidos en dicho mercado para el momento en el cual se ejerzan los derechos para adquirirlos.
3) Una solicitud de admisión al listado deberá cubrir todos los valores de la misma clase de la emisora al momento de presentar la solicitud.
4) La emisora se compromete a solicitar la admisión al listado de todos los valores de la misma clase tanto con Euronext, como con la autoridad competente.

III.7.4   *Cuotas*

1. Cuotas de admisión

   * Su base de cálculo es la capitalización de mercado de acuerdo con el precio de la oferta pública inicial (IPO)
   * En las ofertas subsecuentes se hará un 50% de descuento.
   * La cuota se basa en el número de acciones ofrecidas por el precio de oferta.
   * Su escala es acumulativa

Capitalización de mercado en Euros	Cuota	Cuota máxima (€)
Hasta 10,000,000	€ 10,000	10,000
De 10,000,000 hasta 100,000,000	0.06%	64,000
De 100,000,000 hasta 500,000,000	0.04%	224,000
Más de 500,000,000	0.03%	500,000

2. Cuota para empresas extranjeras que sólo buscan listar sin una oferta pública inicial o colocación privada

   Cuota de admisión: € 25,000

3. Cuotas anuales para empresas extranjeras: € 10,000

III.8 Tokyo Stock Exchange (TSE)

Es la bolsa principal de Japón y una de las bolsas asiáticas más importantes. Es la segunda bolsa más grande del mundo, después del NYSE, de acuerdo al valor de mercado. Su sede se localiza en Tokio y su moneda es el Yen (¥).

III.8.1   Criterios numéricos para el listado

1. Número de accionistas.- Para listado único directo la compañía debe contar con un mínimo de 2,200 accionistas en todo el mundo al momento del listado. Para listado múltiple la compañía debe tener un mínimo de 800 accionistas (que posean por lo menos una unidad intercambiable según la tabla) en Japón y 2,200 o más en el mundo, al momento de listar. Listado único es cuando la compañía escoge al TSE como mercado principal para listar, y sólo lista en el mismo. Listado múltiple es cuando una compañía extranjera lista en otra bolsa además del TSE y escoge al TSE como mercado secundario.

Precio promedio de cierre	Unidades intercambiables (acciones/DR's)
Menos de ¥ 500	1,000
De ¥ 500 – menos de ¥ 1,000	500
De ¥ 1,000 – menos de ¥ 5,000	100
De ¥ 5,000 – menos de ¥ 10,000	50
De ¥ 10,000 – menos de ¥ 100,000	10
¥ 100,000 o más	1

2. Acciones Intercambiables.- Se refiere a las acciones listadas, excluyendo las poseídas por partes con intereses especiales como oficiales, la compañía misma y quienes individualmente posean más del 10% de las acciones listadas. Quienes solicitan listar directa y únicamente en el TSE deberán cumplir con los siguientes requisitos:

   a. Número de acciones intercambiables: 20,000 unidades o más.

   b. Capitalización de mercado de las acciones: ¥ 2 billones o más.

   c. Razón de acciones intercambiables a acciones listadas: 35% o más.

Las unidades intercambiables se determinan, como muestra la tabla anterior, de acuerdo con el precio promedio de cierre del mercado durante el año anterior, convertido a Yenes Japoneses. Estas unidades sólo se determinan así cuando el solicitante no liste en otra bolsa de valores.

En caso de listado múltiple, la compañía debe asegurarse que ningún accionista o tenedor de certificados, etc. Tenga una cantidad excepcionalmente grande de acciones, y que el número de acciones intercambiables sea de 20,000 unidades o más.

3. Capitalización de mercado.- Debe ser de más de 50 billones de yenes al momento de listar. Ésta se calcula multiplicando el número de acciones listadas y el precio esperado (de la oferta pública inicial, en su caso).

4. Registro de negocio continuo.- La empresa debe tener registro de la continuidad del negocio, bajo la junta directiva, de no menos de 3 años anteriores al último año terminado.

5. Capital accionario.- Mayor a 1 billón de yenes, al final del último año de operaciones.

6. Monto de ganancias o capitalización total de mercado.- Un solicitante debe cumplir con uno de los siguientes requisitos:

   a. Utilidades de los 2 años más recientes:

      i. El primer año, de 100 millones de yenes o más.

      ii. El segundo año, de 400 millones de yenes o más.

   b. Utilidades de los 3 años más recientes:

      i. El primer año, de 100 millones de yenes o más.

      ii. El segundo año, de 400 millones de yenes o más.

      iii. Total de los 3 años de 600 millones de yenes o más.

   c. Capitalización total de mercado.- de 100 billones de yenes o más.

7. Estados financieros.- Los estados financieros presentados por la empresa deben reunir los siguientes requisitos:

   a. En ninguno de los estados financieros de cada uno de los últimos 2 años o en ninguno de los estados financieros semi-anuales, se hizo una "declaración falsa".

   b. Un Contador Público Certificado expresó su opinión general acerca de que dichos estados financieros representan la posición financiera de la empresa "acertadamente" y "sin reservas", o "bastante acertada" en "ciertos términos". Esto debe presentarse en un reporte de auditoría adjunto a los estados financieros de los últimos 2 años.

   c. Un Contador Público Certificado expresó su opinión general acerca de que los estados financieros representan la posición financiera de la empresa "acertadamente y sin reservas" o "representan información válida". Éste reporte debe adjuntarse a los estados financieros del último año y de los estados financieros semi-anuales para el presente año.

8. Aprobación del JASDEC.- Un solicitante debe obtener o esperar obtener al momento de listar, aprobación del Depositario Central de Valores de Japón (Japan Securities Depository Center – JASDEC) que se encarga de custodiar y entregar las acciones de los solicitantes.

9. Restricciones en la transferencia de acciones.- El solicitante no debe tener ninguna restricción en cuanto a la transferencia de sus acciones.

10. Otros

a. Para el caso de DRs, debe completarse un contrato entre el solicitante, la depositaria y el tenedor del DR.

b. Para el caso de JDR's (Japanesse Depositary Receipts), se debe cumplir con el formato establecido y obtener la confirmación en una reunión de la junta directiva.

III.8.2   Evaluación para el listado

Los solicitantes que hayan cumplido con los criterios numéricos antes mencionados, serán evaluados en los siguientes aspectos (en el caso de empresas extranjeras, el TSE considera el marco legal y las prácticas legales del país de origen y/o su jefe de operaciones de negocios):

1. Continuidad y rentabilidad del negocio.- El negocio debe haber existido de manera continua, con expectativas de buenos resultados operacionales:

    a. El estado de pérdidas y ganancias presentado, no disminuirá.

    b. No se encontró ninguna señal que indique un estado que cause la interrupción significativa de la implementación de las actividades administrativas del grupo de negocios del solicitante.

    c. No se encontró ninguna señal que indique un estado que cause la interrupción significativa de la continuidad del negocio marcada como prerrequisito.

    d. No se encontró ninguna señal que indique un estado que cause la interrupción significativa a la administración operacional del negocio.

2. Buena gestión empresarial

a. El solicitante no está llevando a cabo transacciones con intereses especiales de personas, compañías relacionadas y otras entidades, bajo condiciones claramente ventajosas o desventajosas para el solicitante.

b. Existe la seguridad de la independencia entre la tenedora y la empresa solicitante, en caso de que ésta sea una subsidiaria.

3. Gobierno Corporativo efectivo y Sistemas de Control Interno

a. Existe la seguridad y la práctica de sistemas de control interno para que los miembros de la junta lleven a cabo sus labores adecuadamente y la compañía solicitante lleve a cabo sus actividades de negocios de manera efectiva.

b. El sistema contable empleado es reconocido como apropiado desde el punto de vista de protección de los inversionistas.

4. Revelación apropiada del perfil corporativo:

a. Los solicitantes son capaces de manejar y revelar la información de la compañía que pudiera tener un impacto serio en la administración de manera apropiada y oportuna, en caso de que alguna información corporativa surja.

b. La información referente a la revelación del perfil corporativo en la solicitud (Ver Anexo F) está preparada de acuerdo con las leyes y regulaciones correspondientes. Asimismo, cualquier información que pudiera afectar la decisión de los inversionistas o la aceptación de la empresa, debe estar escrita correctamente en dicho documento.

    c. La información revelada, en cuanto a la solicitante y sus partes relacionadas, no ha sido distorsionada debido a las transacciones de negocios o la relación entre ambas.

    d. Cuando la empresa solicitante tenga una matriz, las acciones de la misma deben listar en una bolsa de valores en Japón, o en una bolsa extranjera con un sistema de revelación de información que sea reconocido como apropiado desde el punto de vista de protección a los inversionistas.

5. Otros aspectos necesarios en cuanto al interés público y la protección de los inversionistas.

    a. Los derechos de los accionistas y su ejercicio no son restringidos sin una causa apropiada, considerando ésta desde el punto de vista de protección a los inversionistas.

    b. El solicitante no posee ningún caso legal en proceso o conflicto que pueda generar un impacto en las actividades del negocio.

    c. El solicitante es reconocido como apropiado desde el punto de vista de protección a los inversionistas y a los intereses públicos.

III.8.3   Requisitos de revelación de información

1. Una empresa extranjera deberá designar un abogado residente en Tokio y, a través de dicha persona, presentar el reporte anual de valores, los reportes trimestrales, el reporte de administración interna y los anuncios de los resultados de la empresa y la información corporativa.

2. De igual manera, deberá designar un oficial responsable del manejo de la información (ORHI), quien será un enlace con los inversionistas y el TSE, éste debe ser en principio, un ejecutivo u oficial con fluencia para hablar japonés.

3. El TSE, también requiere que las empresas extranjeras designen un oficial corporativo para el manejo de la información con el propósito de mantener un contacto cercano con el TSE y promover la revelación oportuna de información. Éste debe ser alguien que pueda comunicarse con el TSE en inglés o japonés y esté a cargo de la revelación corporativa de información en el país de origen.

4. Los aspectos principales que deben ser revelados son (todos los documentos de revelación deben ser preparados en japonés):

    a. Resultados del negocio (anuales, provisionales y trimestrales)

        i. Ventas, utilidad neta, etc.
        ii. Proyecciones de utilidades

    b. Información corporativa material

        i. Decisiones de la empresa

            1. Emisión o venta pública de acciones, bonos convertibles o bonos con warrants.
            2. Disminuciones de capital.
            3. Split de acciones.
            4. Fusiones.
            5. Escisión.
            6. Compra o venta de acciones o valores de una subsidiaria.
            7. Cambio de directivos.
            8. Cambio de razón social o de nombre de listado.

ii. Ocurrencia de un hecho material

1. Daño causado por un desastre natural u operación del negocio.

2. Cambio en la composición de accionistas mayoritarios.

3. Inicio de un litigio o la decisión judicial.

4. Inicio de quiebra o reorganización de procesos.

5. Incumplimiento de una letra de cambio o cheque.

6. Modificación de leyes en el país de origen que influyan en las acciones o en los resultados de la empresa, como alguna restricción al intercambio de acciones, nacionalización de la compañía, etc.

7. Oferta pública por las acciones de la compañía.

8. Ocurrencia de hechos que pudieran causar la exclusión de la empresa de una bolsa extranjera.

III.8.4　Cuotas

1. Cuotas por listar:

Cuota	TSE como mercado principal (en yenes)	Cuando el TSE NO es el mercado principal (en yenes)
De evaluación de listado	4 millones	2 millones
Inicial	15 millones	2.5 millones + cuota adicional
De Oferta Pública	0.0009 x número de acciones nuevas emitidas 0.0001 x número de acciones ya existentes emitidas	N/A
Usuario de TD-net	120,000	N/A
Adicional	N/A	0.0008 x número de acciones listadas

* La cuota de evaluación de listado se paga al mes siguiente en que se presentó la solicitud.

* La cuota inicial se paga al mes siguiente en que la empresa comienza a listar.

2. Cuota anual de listado.- Si el TSE no es el mercado principal, se cobra la mitad de la cuota señalada, durante los primeros 3 años de listado. Cuando el TSE es el mercado principal:

Capitalización de Mercado de la compañía listada (en billones de yenes)	1ª Sección (en yenes)
Menor o igual a 5	960,000
Mayor a 5 y menor o igual a 25	1,680,000
Mayor a 25 y menor o igual a 50	2,400,000
Mayor a 50 y menor o igual a 250	3,120,000
Mayor a 250 y menor o igual a 500	3,840,000
Más de 500 billones	4,560,000

III.9 Toronto Stock Exchange (TSX)

Es la bolsa principal y más grande de Canadá y la tercera mayor de Norteamérica. Su sede se localiza en Toronto y su moneda es el dólar canadiense (C$).

III.9.1 Requisitos

1. Ponerse en contacto con el equipo de Desarrollo de Negocios (Business Development) para una reunión de orientación.

2. Designar un patrocinador. Éste debe ser un miembro u organización registrado como participante en el TSX.

3. Preparar un equipo interno y externo de consultoría (administrador, directores, corredor de bolsa, consejero legal, auditor y un profesional de relaciones con los inversionistas).

4. Preparar los siguientes documentos y entregar conjuntamente con el Documento Principal de Listado (Prospectus) y la Solicitud al TSX (Ver Anexo G) en forma de borrador:

   1) Formato de Información personal y el formato de consentimiento de revelación de información de récord criminal, llenado por cada individuo que al momento del listado:

      i. Sea un oficial o directivo de la empresa solicitante; o
      ii. Provechosamente sea dueña o controle, directa o indirectamente, valores que representen más del 10% del derecho a voto inherente a todos los valores con derecho a voto representativo.

   2) En caso de que se incurra en gastos adicionales para la revisión de los individuos residentes fuera de Canadá, EUA, Reino Unido y Australia, éstos serán cargados al solicitante.

   3) Un cheque por la cuota de solicitud de listado original pagadero según el calendario del TSX.

   4) Los siguientes estados financieros, a menos que hayan sido incluidos en el Documento Principal de Listado:

a. Estados financieros auditados para el año financiero completo más reciente, firmados por 2 directivos de la empresa en representación de la Junta Directiva.

b. Estados financieros no-auditados para el trimestre financiero completo más reciente, firmados de igual manera.

c. Si la empresa ha completado recientemente o pretende completar una transacción de negocios que afecte materialmente la posición financiera de la empresa o sus resultados de operación, presentar estados financieros pro-forma.

5) El TSX establece requisitos específicos que deben cumplir las compañías mineras, de petróleo y gas, de tecnología y de investigación y desarrollo.

5. Una vez que la empresa ha sido aceptada de manera condicional, deberá presentar los siguientes documentos junto con la documentación adicional señalada en la carta de aceptación condicional.

6. La solicitud de inscripción final debidamente completada. El certificado y la declaratoria que acompañen a la solicitud deberán ir firmados por:

a. El CEO (Chief Executive Officer) o el presidente

b. El secretario corporativo o el CFO (Chief Financial Officer)

c. O, en caso de no ser posible, por otro oficial superior debidamente autorizado.

d. Las declaraciones deben ser hechas ante notario público. En caso de que las declaraciones sean hechas fuera de Canadá, se deberán hacer los ajustes necesarios.

7. Una carta de una fiduciaria que actuará como el agente de transferencia y registrador en la ciudad de Toronto, declarando que ha sido debidamente nombrado y que está en posición de hacer transferencias y una entrega oportuna de los certificados de valores. La carta debe establecer la cuota que se cobrará por las transferencias.

8. Para los certificados de valores, uno de los siguientes por cada clase de acciones que se listarán:

   a. Para los solicitantes que utilicen certificados de valores grabados.- Un tipo de certificado definitivo que cumpla con los requisitos marcados en el Apéndice D del manual de la compañía, impresos por una imprenta autorizada por el TSX.

   b. Para los solicitantes que utilizarán el sistema único de registro en libro administrado por "CDS Clearing and Depository Services Inc." (CDS).- Una copia del certificado global.

   c. Para los solicitantes que usarán un certificado genérico.- Un diseño definitivo del certificado genérico y una carta del Agente de transferencia confirmando que el certificado cumple con los requisitos de la Asociación de Transferencia de Valores de Canadá.

9. Confirmación de CUSIP (Committee on Uniform Securities Identification Procedures) Comité de procedimientos uniformes de identificación de valores:

   a. Una carta de la entidad con jurisdicción para asignar CUSIP's, confirmando el número de CUSIP asignado a cada clase de valores que se pretende listar y una confirmación del CDS de que los valores a ser listados son elegibles para liquidación y compensación a través del CDS.

10. Una carta del consejero legal señalando que ha examinado o está familiarizado con los registros de la solicitante y opina que:

    a. Es una compañía (u otra entidad legal) válida y subsistente.

    b. Todas las acciones, que han sido asignadas y emitidas como se señala en la solicitud, han sido creadas legalmente.

    c. Todas las acciones, que han sido asignadas y emitidas como se señala en la solicitud, son o serán emitidas válidamente como completamente pagadas y no-evaluables.

11. Una copia de cada contrato material referido en la solicitud.

12. Formato de registro debidamente completado a través de "TSX SecureFile", disponible en el sitio web de la bolsa.

III.9.2 Criterios de elegibilidad

1. Rentabilidad

   a) Compañías rentables

      a. Activos tangibles netos por 2,000,000 dólares canadienses (CAN)

      b. Ganancias operacionales antes de impuestos y artículos extraordinarios de por lo menos $200,000 CAN en el año fiscal precedente inmediato a la presentación de la solicitud.

      c. Flujos de efectivo antes de impuestos de $500,000 CAN en el año fiscal precedente; y

      d. Capital de trabajo adecuado para la continuidad del negocio y una estructura de capital apropiada.

   b) Compañías previendo rentabilidad

      a. Activos tangibles netos de $7,500,000 CAN

      b. Evidencia satisfactoria de flujos de efectivo antes de impuestos para el presente o siguiente año fiscal de por lo menos $200,000 CAN

      c. Evidencia satisfactoria de flujos de efectivo antes de impuestos en el presente o siguiente año fiscal de por lo menos $500,000 CAN; y

      d. Capital de trabajo adecuado para la continuidad del negocio y una estructura de capital apropiada.

2. Distribución pública.- Por lo menos 1,000,000 de acciones libremente intercambiables que tengan un valor agregado de mercado de $4,000,000 CAN deberán ser poseídas por lo menos por 300 accionistas públicos.

3. Administración.- Los administradores (incluyendo a la junta directiva) deberán tener experiencia adecuada y conocimientos técnicos relacionados con el negocio de la empresa y la industria; así como experiencia adecuada como

compañía pública que muestre que será capaz de cumplir con las obligaciones de una empresa pública como reportar.

Las compañías deberán tener por lo menos 2 directores independientes, un CEO, un CFO y un secretario corporativo.

III.9.3   Cuotas

- Existen 2 tipos de cuotas para las empresas que inician a listar:

  * Cuota de listado Original.- Una cuota única pagable por listar en el TSX, basada en la capitalización, y calculada para cada clase de acciones.
  * Cuota sostenida anual.- Pagable anualmente, de acuerdo al año calendario, por todas las emisoras para mantenerse listadas en el TSX. Ésta cuota se genera en Enero de cada año y se basa en la capitalización de mercado del último día de transacciones del año calendario precedente. En el primer año de listado, se cobrará la cuota en base a un prorrateo mensual por los meses restantes del año calendario después de la fecha de listado.

- Éstas cuotas no incluyen el Impuesto Canadiense sobre bienes y servicios (GST – Goods and Services Tax) ni otros impuestos aplicables.

- El TSX se reserva el derecho de cobrar otras cuotas que considere pertinentes.

- La Comisión de Valores cobra una cuota administrativa por la revisión del Prospectus y otros conceptos adicionales. Las cuotas varían en cada provincia.

- También se cobra una cuota adicional de corretaje, calculada en base a un porcentaje de los ingresos brutos, pagadero al asegurador que se encarga de la revisión del Prospectus.

Cómo calcular las cuotas

1. Determinar la capitalización de las acciones que se listarán o de las acciones emitidas y colocadas, según sea el caso.
2. Referirse a la tabla correspondiente (Cuota de Listado Original o Cuota Sostenida Anual)

3. Determinar la cuota de listado como sigue:
    a. Seleccionar la cuota base correspondiente a la categoría de la capitalización
    b. Sumar la cuota variable calculada: Tasa variable por el excedente de capitalización sobre la capitalización base, es decir:

    Cuota base + [(capitalización de mercado-capitalización base)*Tasa variable correspondiente]

Cuota de listado Original (en CAN)			
Capitalización de listado		Cuota Base	+ Tasa Variable
Cap. Base			
$ 0	Hasta $ 5 Millones	$ 7,500	0.10650 %
$ 5 millones	Hasta $10 Millones	$ 12,825	0.10275 %
$ 10 millones	Hasta $50 Millones	$ 17,963	0.09900 %
$ 50 millones	Hasta $100 Millones	$ 57,563	0.09525 %
$ 100 millones	En adelante	$ 105,188	0.09150 %
La cuota máxima es de $150,000			

Una cantidad no reembolsable de $7,500 debe ser pagada al momento de entregar la solicitud

Cuota Sostenida Anual (en CAN)			
Capitalización de listado		Cuota Base	+ Tasa Variable
Cap. Base			
$ 0	Hasta $ 100 Millones	$ 10,000	0.0080 %
$ 100 millones	Hasta $500 Millones	$ 18,000	0.0075 %
$ 500 millones	En adelante	$ 48,000	0.0070 %
La cuota máxima es de $ 90,000 CAN			

IV. Un acercamiento al diferencial entre la rentabilidad local y la extranjera

Con el objeto de ejemplificar la rentabilidad histórica obtenida por las acciones extranjeras en las bolsas del G8, discrecionalmente se seleccionaron 3 empresas extranjeras, de ser posible mexicanas o latinoamericanas, que cotizaran en dichas bolsas desde por lo menos el 1 de enero de 2003 hasta el 30 de junio de 2008.

Por lo anterior, en el presente capítulo se muestran las diferencias de rentabilidad obtenidas al cotizar en una bolsa que pertenece al G8, comparada con la rentabilidad de la bolsa local.

Para llevar a cabo el estudio, se obtuvieron los precios diarios de la acción en su bolsa local y extranjera perteneciente al G8. Cuando fue posible, la información de la bolsa local se obtuvo desde enero de 2001 con la finalidad de visualizar el impacto que tenía, listar en el extranjero, en el rendimiento local de la acción. En caso de que los precios no estuvieran disponibles a partir del 2001, se consideraron desde enero de 2003.

Para poder estandarizar las unidades monetarias, se obtuvieron las series de tiempo de los tipos de cambio correspondientes a las monedas utilizadas por las bolsas seleccionadas.

Debido a que los días de cotización no son exactamente los mismos para todos los países, al obtener los rendimientos de las acciones y compararlos con diferentes países puede existir una pequeña variación, sin embargo, consideramos apropiado reflejar la comparación de los rendimientos efectivos y no ajustar los calendarios.

Una vez obtenida la información[1] necesaria, se aplicó la siguiente metodología:

1. Se calculó la rentabilidad en cada una de las series de datos por los periodos correspondientes. Para ello, se calcularon las tasas instantáneas de los precios locales (δ Local). Al mismo tiempo, en otra serie de datos, se obtuvo el valor de la moneda extranjera en moneda local aplicando el tipo de cambio diario y se obtuvieron las tasas instantáneas (δ Extra$_{Local}$). Por ejemplo, para analizar Cemex en la bolsa de Londres, la primera serie de datos correspondería a los precios de la acción en la BMV (δ MEX). Esta serie se comparó con la serie de datos de precios de la acción en Londres convertidos a pesos mexicanos (δ LON$_{MXP}$).

2. Se graficaron las series de datos de los precios y de los rendimientos en tasas instantáneas (δ).

3. Se procedió a obtener los promedios diarios de la rentabilidad comprendida en el periodo de análisis, es decir de 2003 a 2008 con la finalidad de poder concluir cuál fue la rentabilidad más alta, ya sea en la bolsa extranjera o en la bolsa local.

4. Finalmente se planteó un modelo de regresión lineal, con la finalidad de verificar la existencia de una relación estadísticamente significativa entre los

---

[1] Por la disponibilidad de la información, las series de datos de los precios fueron obtenidos de Yahoo Finance. Los tipos de cambio se obtuvieron de XE Universal Currency Converter

rendimientos de las acciones en su bolsa local y la extranjera perteneciente al G8.

El modelo de regresión utilizado fue:

$$\delta_{EXT(LOCAL)} = \alpha + \beta \, \delta_{LOCAL} + \varepsilon$$

Donde:

δ_{LOCAL} Serie de datos de las tasas instantáneas de rendimiento de las acciones en su bolsa local.

$\delta_{EXT(LOCAL)}$ Serie de datos de las tasas instantáneas de rendimientos obtenidos con base en los precios de cotización de la Bolsa extranjera del G7 convertidos a moneda local, utilizando la serie de datos de los tipos de cambio correspondiente.

Es importante aclarar algunos términos básicos, pero fundamentales para la interpretación de los datos.

δ.- Es la tasa instantánea de rendimiento y se calcula como el $Ln(P_t/P_{t-1})$, donde P_t es el Precio en el momento t y P_{t-1} es el precio en el periodo anterior.

R^2.- Es el coeficiente de determinación. Indica el porcentaje de variación total en la variable dependiente (*Y*) que se explica por la variación en la variable independiente (*X*).

β.- Es la pendiente de la recta, o el cambio promedio en (*Y*) para cada cambio de una unidad (ya sea aumento o reducción) en la variable independiente (*X*) (Choi & Mueller, 1984).

La muestra de 3 empresas representa los siguientes porcentajes respecto al total de empresas extranjeras listadas en los mercados primarios de cada una de las bolsas:

Bolsa	Empresas Extranjeras Listadas	% que representa la muestra
Italiana	84	3.57%
Frankfurt	87	3.44%
Londres	332	0.90%
NYSE Euronext	1828 En total 20 Mexicanas (1.09% del total)	0.16% Del total 15% de las mexicanas listadas
Toronto	256	1.17%
Tokio	21	14.29%

La bolsa de Nueva York y Euronext se presentan en un mismo rubro pues, como ya se mencionó anteriormente, las empresas tienen presencia en ambas bolsas sin importar en cuál estén registradas.

Debido a que la bolsa de Moscow (MICEX) no tiene a la fecha ninguna empresa extranjera listada, no se considerará para el análisis. Como fue mencionado en el capítulo anterior, esta situación se debe a las restricciones políticas en Rusia.

Aunque legalmente ya fue aprobada la propuesta de permitir a las empresas extranjeras listar en Rusia, aún no se ha llevado a cabo ningún listado ni se han puesto en circulación los Russian Depositary Receipts. Se tiene proyectado que a finales del 2008 entren en circulación dichos certificados.

En las bolsas a analizar, se seleccionaron 3 empresas extranjeras que no siempre pudieron ser mexicanas o latinoamericanas debido a diversas situaciones que se detallarán posteriormente. Por lo tanto, las empresas estudiadas en cada bolsa fueron:

Mercado	Empresa	País de origen	Tipo de empresa
Borsa Italiana	Santander	España	Banco
	ST Microelectronics	Países Bajos	Tec. comunicación
	Tenaris	Argentina	Producción
Deusche Börse	America Móvil	México	Telecomunicaciones
	CEMEX	México	Cemento
	TELMEX	México	Telecomunicaciones
Euronext	Adecco	Suiza	Recursos Humanos
	Grupo Carso	México	Controladora
	Kimberly Clark de México	México	Producción
London Stock Exchange	Astra Zeneca	Suecia	Farmacéutica
	Bank of Ireland	Irlanda	Banco
	Xstrata	Suiza	Minería
New York Stock Exchange	CEMEX	México	Cemento
	FEMSA	México	Bebidas
	TELMEX	México	Telecomunicaciones
Tokyo Stock Exchange	Bayer Aktiengesellschaft	Alemania	Químicos
	Deutsche Telekom AG	Alemania	Telecomunicaciones
	Société Générale	Francia	Banco
Toronto Stock Exchange	Enerplus	Estados Unidos	Gas y petróleo
	Magna International Inc.	Estados Unidos	Tec. Automotriz
	Oncothyrenol	Estados Unidos	Biotecnología

Tras realizar las regresiones de las series de datos de acuerdo con el procedimiento detallado anteriormente, se obtuvieron los resultados presentados a continuación.

IV.1 Borsa Italiana

En las siguientes gráficas se puede apreciar el comportamiento de los precios de las acciones de Santander, ST Microelectronics y Tenaris tanto en su bolsa local como en la bolsa italiana, todos ellos en su moneda local al tipo de cambio correspondiente a cada uno de los días en que cotizó. La serie local se muestra en color negro con la clave de cotización como leyenda. La serie de la bolsa Italiana se muestra en color gris con la clave con terminación ".MI".

Como se puede apreciar en las gráficas, el comportamiento de los precios de las acciones de las 3 empresas fue muy cercano tanto en su bolsa local como en la bolsa italiana. En el caso de Santander y ST Micro no se realizó ningún cambio de moneda debido a que las acciones de ambas empresas se encuentran en Euros. En el caso de Tenaris, a pesar del cambio de moneda, el comportamiento de las 2 acciones fue casi idéntico.

Las siguientes tablas presentan la rentabilidad anualizada promedio obtenida en cada una de las series de datos:

	δ LOCAL	δ EUR$_{EUR}$
SANTANDER	27.17%	27.13%

	δ LOCAL	δ EUR$_{EUR}$
ST MICRO	-17.94%	-17.76%

	δ LOCAL	δ EUR$_{ARG}$
TENARIS	53.11%	53.60%

En los tres casos, los rendimientos tanto en la bolsa local como en la extranjera, fueron muy cercanos y las diferencias no resultan representativas. Aunque las diferencias no sean importantes, cabe mencionar que Santander presentó un rendimiento promedio superior en su bolsa local (Gráfica 1.1). En el caso de la empresa ST Microelectronics, el rendimiento promedio de las acciones durante el periodo fue negativo en ambos casos, siendo inferior la pérdida en la bolsa Italiana (Gráfica 1.2). En el caso de Tenaris, se obtuvieron rendimientos mayores en la bolsa Italiana (Gráfica 1.3).

Gráfica 1.1 – Rendimientos Santander

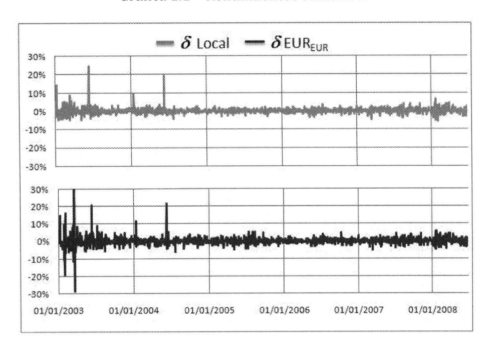

Gráfica 1.2 – Rendimientos ST Microelectronics

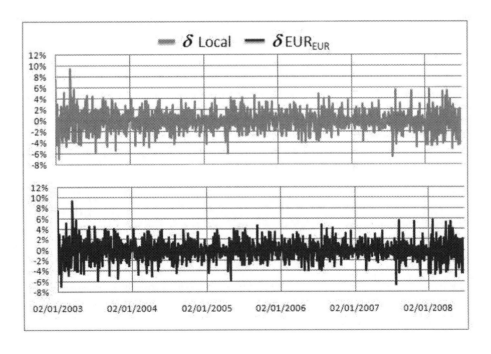

Gráfica 1.3 – Rendimientos Tenaris

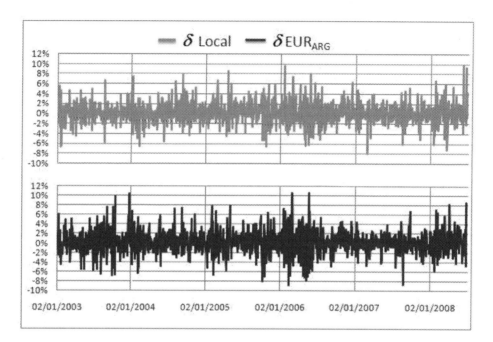

Al realizar el análisis de regresión, en los 3 casos de estudio, se rechazó la hipótesis nula (H_0) y se aceptó la alternativa (H_1), esto quiere decir que la variable independiente (en este caso la acción en la bolsa local) es significativa y por lo tanto explicativa de la variable dependiente (la acción en la bolsa extranjera). La existencia de una relación estadísticamente significativa entre las series de datos locales y la serie extranjera nos permite concluir que los rendimientos en las bolsas locales como en la bolsa italiana no presentan diferencias relevantes

La siguiente tabla muestra los coeficientes obtenidos en la regresión para cada una de las empresas a lo largo del periodo de estudio.

EMPRESA	Prueba de Hipótesis	δ Local y δ EXT$_{LOCAL}$		
	Acepta H1	α	β	$\mathbf{R}^2$
Santander	✓	0.000345	0.648700	0.18
ST Micro	✓	0.000006	1.000000	**1.00**
Tenaris	✓	0.001119	0.387800	0.13

Analizando los valores obtenidos al comparar las series de rendimientos locales con las extranjeras, se obtuvieron los coeficientes para R^2 y éstos indican que las variaciones de la acción extranjera se explican en un 0.18, 1.00 y 0.13 respectivamente, por las variaciones del precio en la acción local.

De acuerdo con las β obtenidas, los rendimientos de la acción extranjera varían en promedio 0.6487, 1.0000 y 0.3878 respectivamente, de manera proporcional a las variaciones del rendimiento de la acción en la bolsa local.

Destaca el caso de ST Micro cuyos resultados muestran una β y una R^2 igual a uno, lo cual muestra la estrecha relación entre los rendimientos de la acción en las dos bolsas analizadas.

IV.2 Deutsche Börse

En las siguientes gráficas se puede apreciar el comportamiento de los precios de las acciones de América Móvil, Cemex y Telmex tanto en la bolsa Mexicana de valores como en la bolsa alemana, todos ellos en Pesos Mexicanos al tipo de cambio correspondiente a cada uno de los días en que cotizó. La serie local se presenta en negro y la serie en la bolsa de Frankfurt en gris y con terminación ".F".

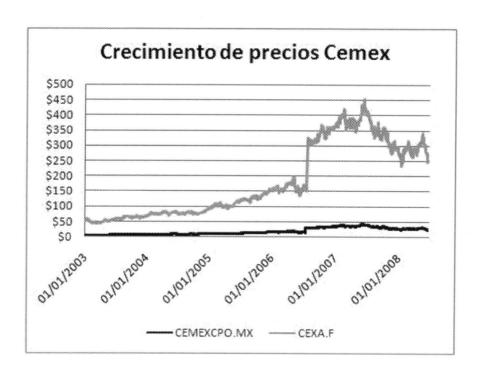

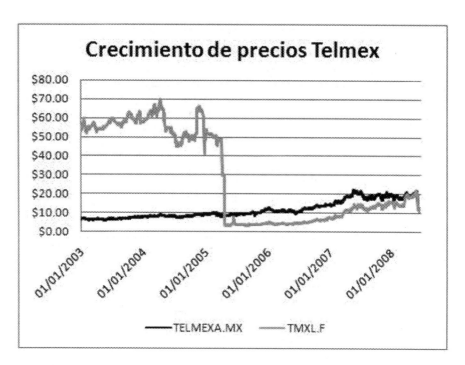

Como se puede apreciar en las gráficas, el comportamiento de los precios de las acciones de las 3 empresas fue muy distinto en la BMV como en la bolsa de Frankfurt.

Las siguientes tablas presentan la rentabilidad anualizada promedio obtenida en cada una de las series de datos:

AMERICA MOV.	δLOCAL	δEUR$_{MXP}$
	44.42%	43.82%

CEMEX	δLOCAL	δEUR$_{MXP}$
	34.55%	28.33%

TELMEX	δLOCAL	δEUR$_{MXP}$
	10.40%	-28.22%

En el caso de la comparación de la serie local (BMV) con las series de la bolsa alemana, al tipo de cambio local (MXP) para América Móvil (gráfica 2.1), aunque no resulta una diferencia representativa, el rendimiento promedio de las acciones durante el periodo, fue superior en la bolsa alemana.

Gráfica 2.1 – Rendimientos América Móvil

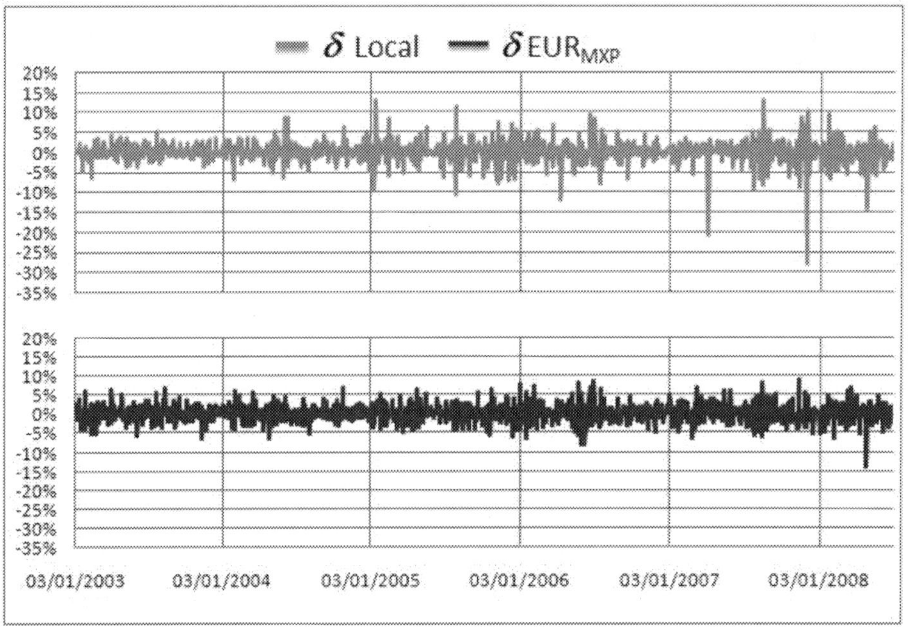

Para Cemex (gráfica 2.2), en el caso de la comparación de la serie local (BMV) con la serie de la bolsa alemana, al tipo de cambio local (MXP), el rendimiento promedio de las acciones durante el periodo, fue superior en la bolsa local de manera sginificativa.

Aunque para Cemex resultara más rentable en promedio, cotizar en la Bolsa Mexicana de Valores, esto se debió a altos rendimientos durante los 2 primeros años, sin embargo, de 2005 a 2008 lo rendimientos de Cemex en Frankfurt resultan superiores a los de México. Este hecho se analizará más a detalle posteriormente.

Gráfica 2.2 – Rendimientos Cemex

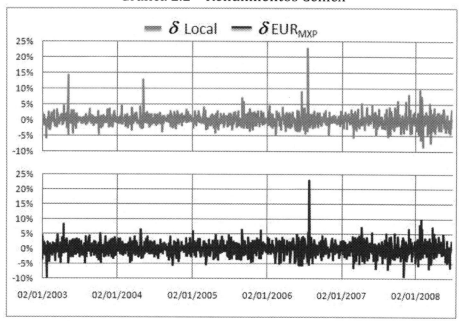

En el caso particular de Telmex (gráfica 2.3), en promedio resultó más rentable listar en la BMV debido a que, mientras que en la bolsa alemana su rendimiento promedio del periodo fue negativo, en la BMV, obtuvo una rentabilidad promedio positiva durante el periodo.

Gráfica 2.3 – Rendimientos Telmex

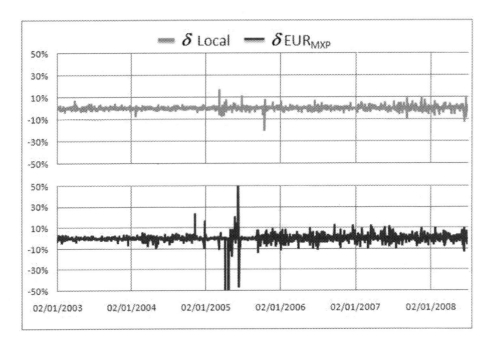

El rendimiento negativo en Frankfurt se debió a una fuerte caída del precio de la acción del 21 al 22 de abril de 2005 bajando desde €2.01 a €0.27 por acción. Esta caída se debió a un efecto combinado del anuncio de un posible split, la amenaza de los trabajadores de ir a huelga si no se cumplían sus demandas y la solicitud de cancelación del registro de Telmex ante la SEC.

La siguiente tabla muestra los coeficientes obtenidos en la regresión durante el periodo de estudio.

EMPRESA	Prueba de Hipótesis	δ Local y δ EXT$_{LOCAL}$		
	Acepta H1	α	β	R^2
América Móvil	✓	0.001038	0.273400	0.10
Cemex	✓	0.000333	0.286200	0.06
Telmex	NO	-0.000964	0.146800	0.00

Para Deutsche Börse, en los casos de América Móvil y Cemex, se rechazó H_0 y se aceptó la hipótesis alternativa (H_1), esto quiere decir que la variable independiente (en este caso la acción en la bolsa local) es significativa y por lo tanto explicativa de la variable dependiente (la acción en la bolsa extranjera). En el caso de Telmex, la regresión mostró que la variable independiente no es explicativa de la dependiente por lo tanto, no se puede hacer una comparación de los rendimientos entre la bolsa local y la extranjera.

Analizando los valores obtenidos al comparar las series de rendimientos locales con las extranjeras y quitar el efecto del tipo de cambio en éstas últimas, se obtuvieron los coeficientes para R^2 y éstos indican que las variaciones de la acción extranjera para América Móvil y Cemex se explican en un 0.10 y 0.06 respectivamente, por las variaciones del precio en la bolsa local.

De acuerdo con las β obtenidas, los rendimientos de la acción extranjera varían en promedio 0.2734 y 0.2862 respectivamente, de manera proporcional a las variaciones del rendimiento de la acción en la bolsa local.

IV.3 EURONEXT

En las siguientes gráficas se puede apreciar el comportamiento de los precios de las acciones de Adecco, Carso y Kimberly Clark tanto en su bolsa local como en Euronext, todos ellos en su moneda local al tipo de cambio correspondiente a cada uno de los días en que cotizó. La serie local se presenta en negro y la serie de Euronext, en gris.

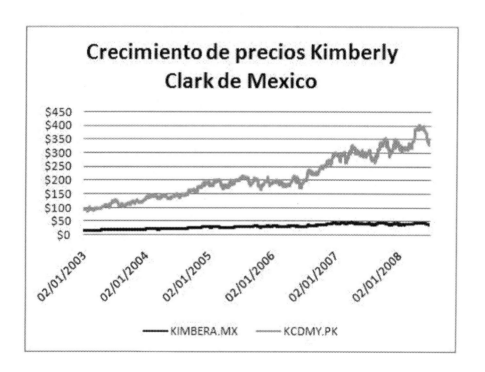

Como se puede apreciar en las gráficas, el comportamiento de los precios de las acciones de las 3 empresas fue diverso en su bolsa local y en Euronext.

Las siguientes tablas presentan la rentabilidad anualizada promedio obtenida en cada una de las series de datos:

ADECCO	δ LOCAL	δ EUR$_{CHF}$
	-9.77%	1.54%

GRUPO CARSO	δ LOCAL	δ EUR$_{MXP}$
	37.45%	43.70%

KIMBERLY CL.	δ LOCAL	δ EUR$_{MXP}$
	15.41%	23.33%

Para Adecco (gráfica 3.1), en la comparación de la serie local con la serie de Euronext, al tipo de cambio local (francos suizos), a pesar de las variaciones en el tipo de cambio, el rendimiento promedio de las acciones durante el periodo, fue superior en Euronext.

Gráfica 3.1 – Rendimientos Adecco

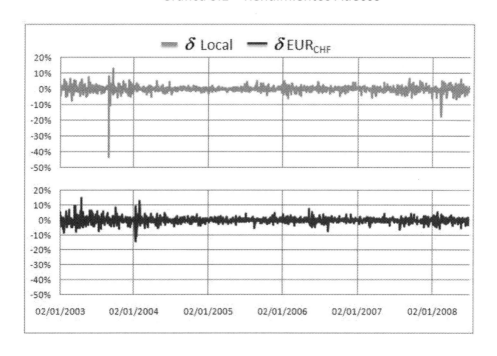

En la comparación de la serie local (BMV) con la serie de Euronext, al tipo de cambio local (MXP), para Carso (gráfica 3.2), el rendimiento promedio de las acciones durante el periodo, fue significativamente superior en Euronext.

Gráfica 3.2 – Rendimientos Grupo Carso

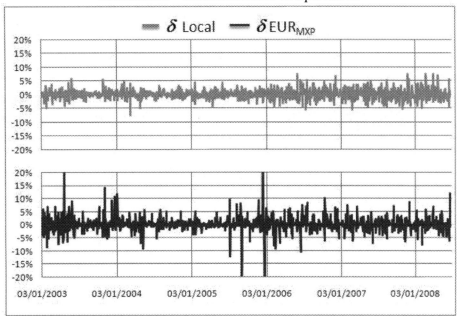

Kimberly Clark (gráfica 3.3) obtuvo mayores rendimientos en Euronext y éstos fueron significativamente superiores a los locales.

Gráfica 3.3 – Rendimientos Kimberly Clark de México

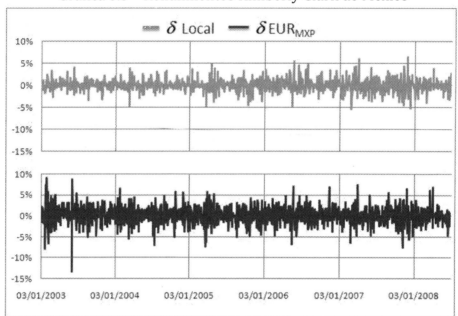

La siguiente tabla muestra los coeficientes obtenidos en la regresión.

EMPRESA	Prueba de Hipótesis	δ Local y δ EXT$_{LOCAL}$		
	Acepta H1	α	β	R^2
Adecco	NO	0.000193	-0.018300	0.00
Grupo Carso	✓	0.000511	0.300700	0.01
Kimberly Cl.	✓	0.000687	0.873300	0.31

Para Euronext, en los casos Carso y Kimberly Clark, se aceptó H_1, esto quiere decir que la variable independiente (en este caso la acción en la bolsa local) es significativa y por lo tanto explicativa de la variable dependiente (la acción en la bolsa extranjera). En el caso de Adecco, la regresión mostró que la variable independiente no es explicativa de la dependiente, por lo tanto, no se puede concluir certeramente acerca de las diferencias en rendimientos.

Analizando los valores obtenidos al comparar las series de rendimientos locales con las extranjeras y quitar el efecto del tipo de cambio en éstas últimas, se obtuvieron los coeficientes para R^2 y éstos indican que las variaciones de la acción extranjera para Carso y Kimberly Clark se explican en un 0.01 y 0.31 respectivamente, por las variaciones del precio de la acción local.

De acuerdo con las β obtenidas, los rendimientos de la acción extranjera varían en promedio 0.3007 y 0.8733 respectivamente, de manera proporcional a las variaciones del rendimiento de la acción en la bolsa local.

IV.4 London Stock Exchange

En las siguientes gráficas se puede apreciar el comportamiento de los precios de las acciones de Astra-Zeneca, el banco de Irlanda y Xstrata, tanto en su bolsa local (color negro) como en la bolsa de Londres (color gris y terminación ".L"), todos ellos en su moneda local al tipo de cambio correspondiente a cada uno de los días en que cotizó.

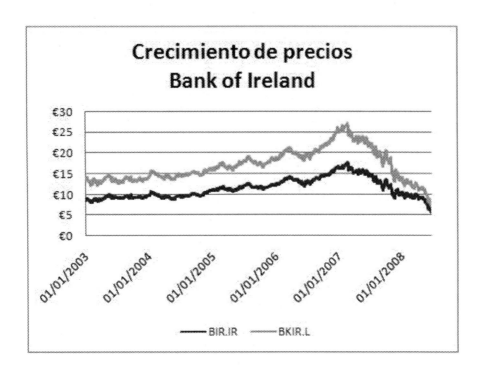

Como se puede apreciar en las gráficas, el comportamiento de los precios de las acciones de las 3 empresas fue muy cercano tanto en su bolsa local como en la bolsa de Londres. En el caso del Banco de Irlanda, aunque el comportamiento fue similar, hubo diferencias en las valuaciones de los precios debido al tipo de cambio de Libras a Euros.

Las siguientes tablas presentan la rentabilidad del periodo obtenida en cada una de las series de datos:

	δLOCAL	δGBP$_{SEK}$
ASTRA-ZENECA	-3.03%	-0.62%

BANK IRELAND	δLOCAL	δGBP$_{EUR}$
	-7.59%	-11.56%

XSTRATA	δLOCAL	δGBP$_{CHF}$
	33.80%	34.34%

Para Astra-Zeneca (gráfica 4.1), los rendimientos fueron negativos en ambas series. Sin embargo, la serie de Londres resultó con una pérdida menor en comparación con la serie local.

Gráfica 4.1 – Rendimientos Astra-Zeneca

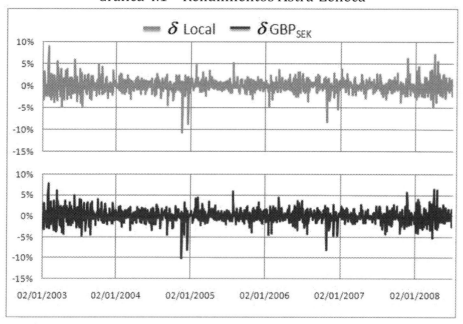

De igual manera, en la comparación de la serie local con la serie de rendimientos en el LSE, para el banco de Irlanda (gráfica 4.2), los rendimientos promedio de las acciones resultaron negativos. Pero, contrario a lo observado en el caso anterior, los rendimientos con menor pérdida fueron obtenidos en la bolsa local.

Gráfica 4.2 – Rendimientos Bank of Ireland

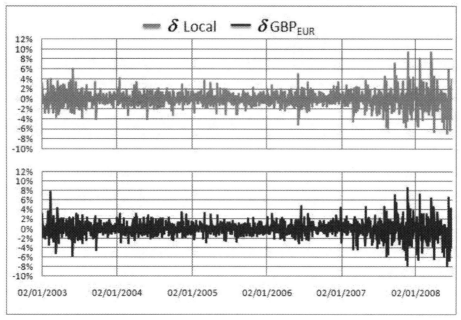

Para Xstrata (gráfica 4.3), el rendimiento promedio de las acciones durante el periodo, fue superior en el LSE.

Gráfica 4.3 – Rendimientos Xstrata

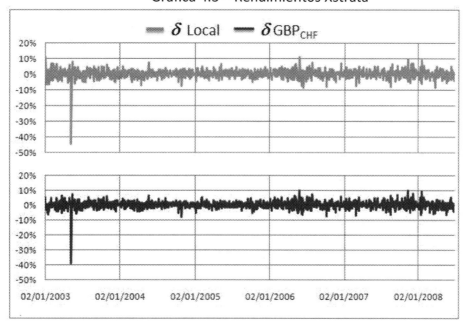

La siguiente tabla muestra los coeficientes obtenidos en la regresión durante el periodo de estudio.

EMPRESA	Prueba de Hipótesis	δ Local y δ EXT$_{LOCAL}$		
	Acepta H1	α	β	R^2
Astra-Zeneca	✓	0.000169	0.895000	0.75
Bank of Ireland	✓	-0.000216	0.910800	0.80
Xstrata	✓	0.000354	0.765600	0.71

Para el LSE, en los 3 casos, se rechazó H_0 y se aceptó H_1, esto quiere decir que la variable independiente (en este caso la acción en la bolsa local) es significativa y por lo tanto explicativa de la variable dependiente (la acción en la bolsa extranjera).

Analizando los valores obtenidos al comparar las series de rendimientos locales con las extranjeras, se obtuvieron los coeficientes para R^2 y éstos indican que las variaciones de la acción extranjera para Astra-Zeneca, el banco de Irlanda y Xstrata, se explican en un 0.75, 0.80 y 0.71 respectivamente, por las variaciones del precio en la bolsa local. Estos coeficientes resultan sobresalientes debido a que muestran una alta correlación de las acciones en las bolsas analizadas.

De acuerdo con las β obtenidas, los rendimientos de la acción extranjera varían en promedio 0.8950, 0.9108 y 0.7656 respectivamente, de manera proporcional a las variaciones del rendimiento de la acción en la bolsa local.

IV.5 New York Stock Exchange

En las siguientes gráficas se puede apreciar el comportamiento de los precios de las acciones de Cemex, Femsa y Telmex tanto en la BMV como en la bolsa de NY, todos ellos en Pesos Mexicanos al tipo de cambio correspondiente a cada uno de los días en que cotizó. La serie local se muestra en negro y la de la bolsa de Nueva York, en gris.

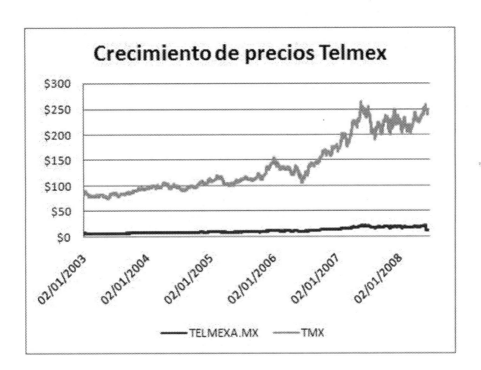

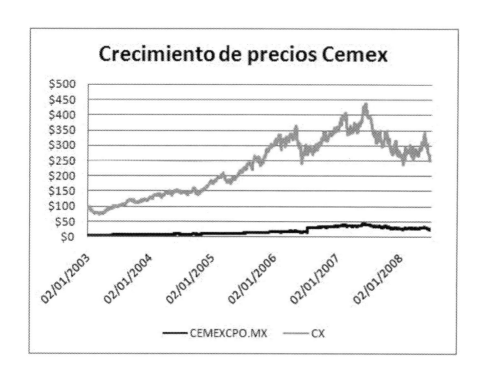

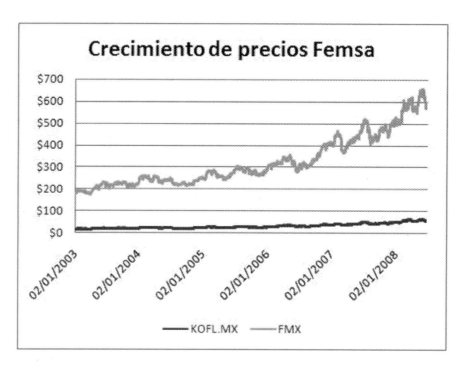

Como se puede apreciar en las gráficas, el comportamiento de los precios de las acciones 3 empresas fue diverso en la BMV y en el NYSE. Las siguientes tablas presentan la rentabilidad del periodo obtenida en cada una de las series de datos:

CEMEX	δLOCAL	δUSD$_{MXP}$
	34.14%	18.15%

FEMSA	δLOCAL	δUSD$_{MXP}$
	21.25%	21.76%

TELMEX	δLOCAL	δUSD$_{MXP}$
	10.03%	19.84%

En el caso de Cemex (gráfica 5.1), los rendimientos promedio mayores se obtuvieron en la bolsa Mexicana de valores.

Aunque resultara más rentable en promedio, cotizar en la Bolsa Mexicana de Valores, esto se debió a altos rendimientos durante los 2 primeros años, al realizar el mismo procedimiento de análisis que en Frankfurt, se encontró que los rendimientos de México seguían siendo superiores a los de la bolsa de Nueva York; al igual que en el caso de Frankfurt, este hecho se analizará a profundidad posteriormente.

124 | *Un acercamiento al diferencial entre la rentabilidad local y la extranjera*

Gráfica 5.1 – Rendimientos Cemex

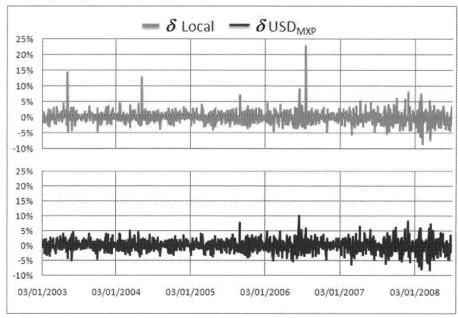

En el caso de Femsa (gráfica 5.2), esta empresa obtuvo un rendimiento mayor en el NYSE aunque la diferencia no fue significativamente mayor.

Gráfica 5.2 – Rendimientos Femsa

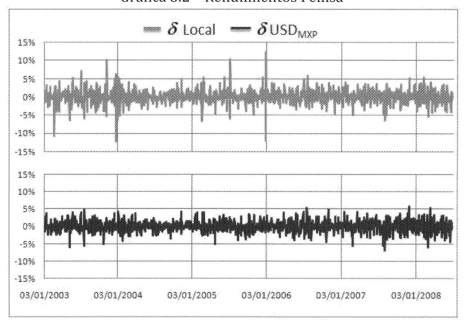

Para Telmex (gráfica 5.3), los rendimientos mayores fueron los obtenidos en el NYSE y en este caso la diferencia entre rendimientos si es de gran importancia pues son más de 9 puntos porcentuales.

Gráfica 5.3 – Rendimientos Telmex

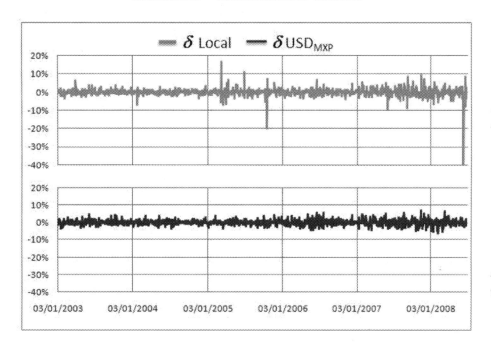

La siguiente tabla muestra los coeficientes obtenidos en la regresión.

EMPRESA	Prueba de Hipótesis	δ Local y δ EXT$_{LOCAL}$		
	Acepta H1	α	β	R^2
Cemex	✓	0.000089	0.816200	**0.66**
FEMSA	✓	0.000335	0.543400	0.43
Telmex	✓	0.000684	0.300700	0.21

En el caso del NYSE, en los 3 casos, se rechazó la H_0 y se aceptó H_1, esto quiere decir que la variable independiente (en este caso la acción en la bolsa local) es significativa y por lo tanto explicativa de la variable dependiente (la acción en la bolsa extranjera).

Analizando los valores obtenidos al comparar las series de rendimientos locales con las extranjeras y quitar el efecto del tipo de cambio en éstas últimas, se obtuvieron los coeficientes para R^2 y éstos indican que las variaciones de la acción extranjera para Cemex, Femsa y Telmex, se explican en un 0.66, 0.43 y 0.21 respectivamente, por las variaciones del precio en la bolsa local.

De acuerdo con las β obtenidas, los rendimientos de la acción extranjera varían en promedio 0.8162, 0.5434 y 0.3007 respectivamente, de manera proporcional a las variaciones del rendimiento de la acción en la bolsa local.

IV.6 Tokyo Stock Exchange

En las siguientes gráficas se puede apreciar el comportamiento de los precios de las acciones de Bayer, Société Genérale y Deutsche Telekom tanto en su bolsa local como en la bolsa de Tokio, todos ellos en euros al tipo de cambio correspondiente a cada uno de los días en que cotizó. Los rendimientos locales se muestran en negro y los de Tokio en gris.

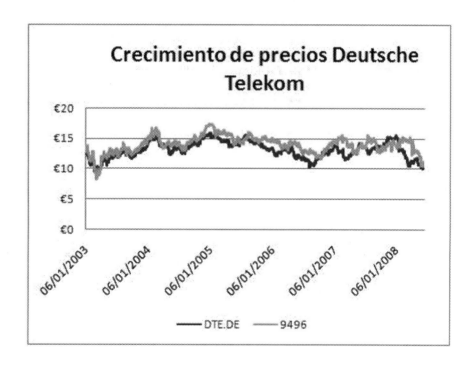

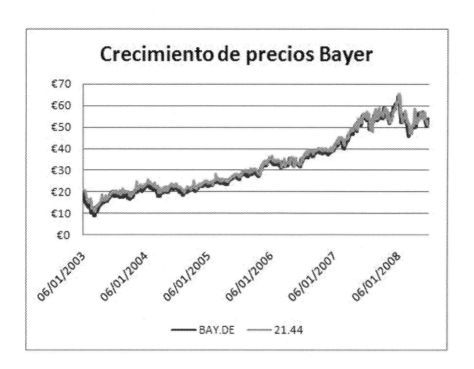

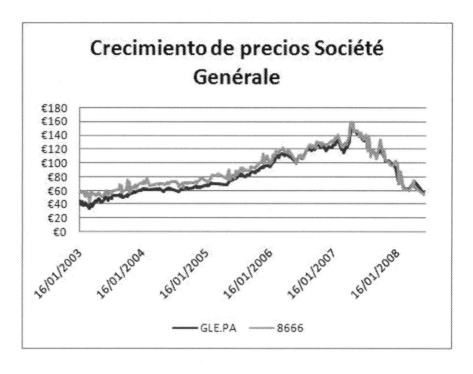

Como se puede apreciar en las gráficas, el comportamiento de los precios de las acciones de las 3 empresas siguió una tendencia cercana tanto en su bolsa local como en la bolsa de Tokio. Sin embargo, como lo indican los coeficientes de determinación que se analizarán posteriormente, prácticamente no existe ninguna relación entre las variables.

Las siguientes tablas presentan la rentabilidad del periodo obtenida en cada una de las series de datos:

	δLOCAL	δYEN$_{EUR}$
BAYER	18.48%	16.54%

	δLOCAL	δYEN$_{EUR}$
DEUTSCHE TEL.	-4.21%	-2.26%

	δLOCAL	δYEN$_{EUR}$
SOC. GENERALE	4.27%	-1.80%

Al analizar el promedio de los rendimientos obtenidos se obtuvo que, en el caso de Bayer (gráfica 6.1), los rendimientos fueron mayores en la bolsa local.

Gráfica 6.1 – Rendimientos Bayer Aktiengesellschaft

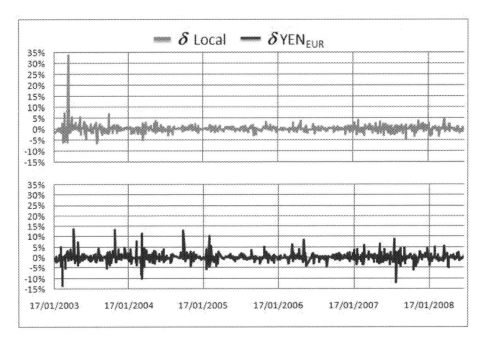

Para Deutsche Telekom (gráfica 6.2), los rendimientos fueron negativos en ambas bolsas. Sin embargo, la pérdida menor se registró en la bolsa de Tokio.

Gráfica 6.2 – Rendimientos Deutsche Telekom AG

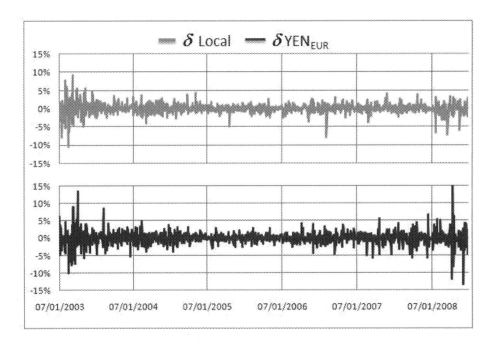

En el análisis de Société Générale se obtuvo que, al igual que en el caso de Bayer, los rendimientos mayores se presentaron en la bolsa local.

Gráfica 6.3 – Rendimientos Société Générale

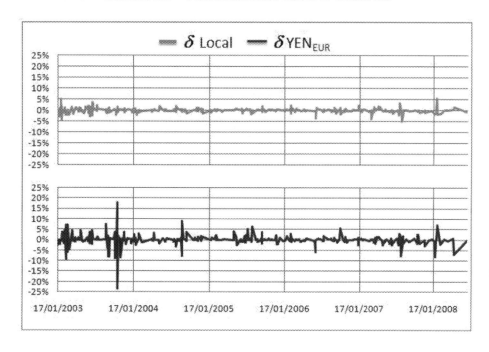

La siguiente tabla muestra los coeficientes obtenidos en la regresión durante el periodo de estudio.

EMPRESA	Prueba de Hipótesis	δ Local y δ EXT$_{LOCAL}$		
	Acepta H1	α	β	R^2
Bayer Aktiengesellschaft	NO	0.001788	0.077800	0.00
Deutsche Telekom	NO	-0.000293	-0.076300	0.00
Société Générale	NO	0.000318	0.220000	0.01

En el análisis realizado a las 3 empresas en la bolsa de Tokio, en los 3 casos, se aceptó la hipótesis nula (H_0), es decir, la variable independiente no es explicativa de la variable dependiente (la acción en la bolsa extranjera).

Esto quiere decir que a pesar de las notables diferencias entre los rendimientos, no se puede concluir con certeza sobre dichas diferencias debido a que no existe una relación estadísticamente significativa entre los rendimientos y por lo tanto, no pueden ser comparados.

Al analizar los coeficientes obtenidos en la regresión, especialmente aquellos de R^2, se puede apreciar con mayor claridad que la relación es inexistente.

IV.7 Toronto Stock Exchange

En las siguientes gráficas se puede apreciar el comportamiento de los precios de las acciones de Enerplus, Magna y Oncothy tanto en el NYSE como en la bolsa de Toronto, todos ellos en dólares estadounidenses al tipo de cambio correspondiente a cada uno de los días en que cotizó.

Al igual que en las bolsas anteriores, los precios de las acciones cotizadas en la bolsa local se presentan en color negro y aquellas cotizadas en la bolsa de Toronto, en gris.

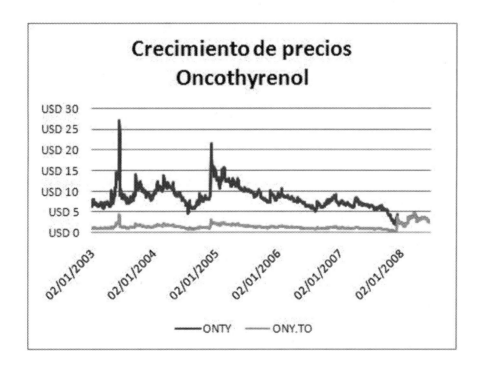

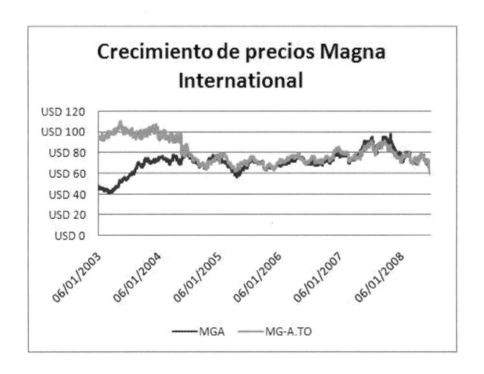

Como se puede apreciar en las gráficas, el comportamiento de los precios de las acciones de Enerplus fue muy cercano tanto en su bolsa local como en la bolsa canadiense. En el caso de Magna y Oncothy, los precios se comportaron de manera diversa en cada una de las bolsas estudiadas.

Las siguientes tablas presentan la rentabilidad del periodo obtenida en cada una de las series de datos:

ENERPLUS	δLOCAL	δCAN$_{USD}$
	29.17%	32.59%

MAGNA	δLOCAL	δCAN$_{USD}$
	3.91%	-8.26%

ONCOTHY	δLOCAL	δCAN$_{USD}$
	-17.68%	14.92%

Para Enerplus (gráfica 7.1) el rendimiento promedio de las acciones durante el periodo, fue superior en el TSX.

En el caso de la comparación de la serie local con las serie de rendimientos en el TSX para Magna (gráfica 7.2), el rendimiento promedio de las acciones durante el periodo fue superior en la bolsa local.

Dichos resultados se debieron a una caída conjunta en el precio de la acción y en el tipo de cambio.

Gráfica 7.1 – Rendimientos Enerplus

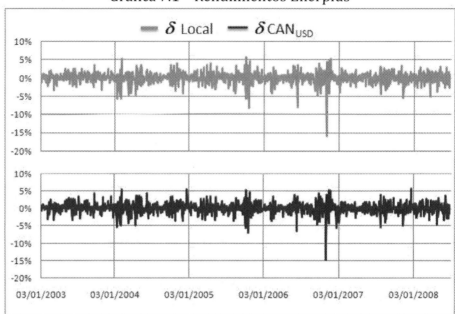

Gráfica 7.2 – Rendimientos Magna International

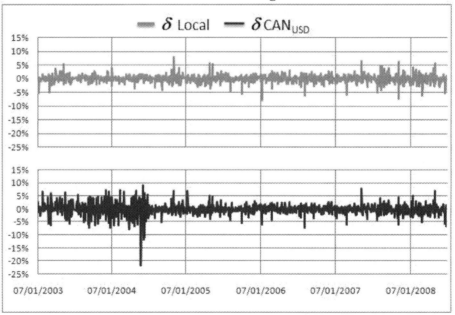

Finalmente, en el análisis de Oncothy (gráfica 7.3), el rendimiento promedio de las acciones durante el periodo, fue superior en el TSX. Este hecho se debió a que los altos rendimientos de la acción en la bolsa canadiense, compensaron las pérdidas cambiarias e incluso generaron rendimientos positivos.

Gráfica 7.3 – Rendimientos Oncothyrenol

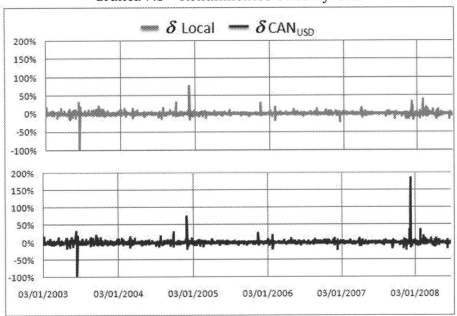

La siguiente tabla muestra los coeficientes obtenidos en la regresión durante el periodo de estudio.

EMPRESA	Prueba de Hipótesis	δ Local y δ EXT$_{LOCAL}$		
	Acepta H1	α	β	R^2
Enerplus	✓	0.000129	0.875000	**0.77**
Magna International	✓	-0.000483	0.782500	0.26
Oncothyrenol	✓	0.001361	0.992300	**0.55**

Para la bolsa de Toronto, en los 3 casos, se rechazó H_0 y se aceptó H_1, esto quiere decir que la variable independiente (en este caso la acción en la bolsa local) es significativa y por lo tanto explicativa de la variable dependiente (la acción en la bolsa extranjera).

Analizando los valores obtenidos al comparar las series de rendimientos locales con las extranjeras y quitar el efecto del tipo de cambio en éstas últimas, se obtuvieron los coeficientes para R^2 y éstos indican que las variaciones de la acción extranjera para Enerplus, Magna y Oncothy se explican por las variaciones del precio en la bolsa local en un 0.77, 0.26 y 0.55 respectivamente.

De acuerdo con las β obtenidas, los rendimientos de la acción extranjera varían en promedio 0.8750, 0.7825 y 0.9923 respectivamente, de manera proporcional a las variaciones del rendimiento de la acción en la bolsa local.

IV.8 Análisis Cemex y Telmex

A continuación se presentan, los resultados de aquellas empresas que se compararon en más de una bolsa.

Primero se analizará Telmex que fue comparada en la Bolsa Mexicana de Valores contra Deutsche Börse y contra el New York Stock Exchange. Es importante recordar que los rendimientos para una misma acción en un mismo país pueden ser diferentes al compararlo con otros países porque, tal y como se mencionó al inicio del capítulo, se ajustaron las fechas reales de cotización con los países extranjeros. Los resultados para Telmex son los siguientes:

	TELMEX Local (México)	TELMEX Frankfurt	TELMEX Local (México)	TELMEX Nueva York
Rendimientos	10.40%	-28.22%	10.03%	19.84%%
Prueba de Hipótesis (Acepta H1)	NO		✓	
α	-0.000964		0.000684	
β	0.146800		0.300700	
R^2	0.00		0.21	

Como se observa por los resultados de la regresión, no existe una relación estadísticamente significativa de las acciones de Telmex con sus cotizaciones fuera de México. Por otro lado, la rentabilidad en Alemania se vio seriamente afectada por eventos que sucedieron en la empresa en noviembre del 2005. Por otro lado, las acciones de Telmex en Nueva York reflejaron un diferencial importante de rentabilidad.

Con respecto al caso de Cemex, que se comparó contra Deutsche Börse y el New York Stock Exchange, se obtienen los siguientes resultados:

	CEMEX Local (México)	CEMEX Frankfurt	CEMEX Local (México)	CEMEX Nueva York
Rendimientos	34.55%	28.33%	34.14%	18.15%
Prueba de Hipótesis (Acepta H1)	✓		✓	
α	0.000333		0.000089	
β	0.286200		0.816200	
R^2	0.06		**0.66**	

En la gráfica 8.1 se puede apreciar el comportamiento de los precios de Cemex en las 3 bolsas (México, Frankfurt y Nueva York) convertidos a pesos mexicanos.

Gráfica 8.1.- Comparación de Precios de Cemex

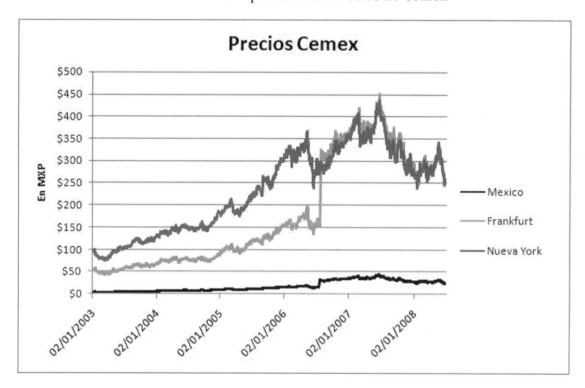

En la Gráfica 8.2 se presentan los rendimientos obtenidos en cada una de las bolsas y en la tabla siguiente se detallan los rendimientos según los periodos analizados.

BOLSA	EMPRESA	Periodo	RENTABILIDAD ANUALIZADA PROMEDIO	
			δ Local	δ Ext$_{Local}$
Deutsche Börse	Cemex (México)	2003-2008	**34.55%**	28.33%
	* Cemex (México)	2003-2004	47.82%	24.85%
	* Cemex (México)	2005-2008	26.96%	30.31%
New York Stock Exchange	Cemex (México)	2003-2008	**34.14%**	18.15%
	** Cemex (México)	2003-2004	46.72%	33.03%
	** Cemex (México)	2005-2008	26.96%	9.66%

Cemex obtuvo rendimientos mayores en México comparados con las bolsas de Nueva York y Frankfurt. Debido a esta situación, se decidió profundizar en su análisis y se detectaron dos periodos importantes. En el periodo de 2003-2004 los rendimientos en México eran muy altos y en los años siguientes comienzan a decrecer, de tal forma que en Frankfurt llegaron a ser más altos, sin embargo en NYSE siempre estuvieron por abajo.

Gráfica 8.2. Comparación de rendimientos instantáneos diarios de Cemex

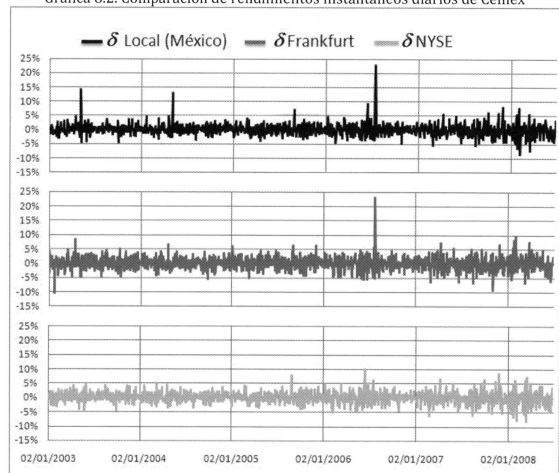

En esta gráfica sobresalen algunos eventos importantes que han repercutido en los rendimientos de las bolsas locales y extranjeras. De acuerdo con un artículo, Cemex compró en 2005 la empresa británica RMC y en 2006 la australiana Rinker (Santiso, 2008). Estos hechos fueron la causa de las subidas extraordinarias de precios del 31 de agosto de 2005 y 15 de junio de 2006 en las bolsas de México y Nueva York y el 17 de julio de 2006 en las bolsas de México y Frankfurt.

IV.9 Resumen

A manera de resumen, a continuación se presenta una tabla con los resultados obtenidos en el análisis de regresión.

Observamos que cinco regresiones no presentan evidencia estadísticamente significativa de la relación entre las series de datos y que únicamente siete (33%) mostraron un coeficiente de determinación importante en la explicación de las variaciones.

Llama la atención que las tres acciones seleccionadas en la bolsa de Londres mantienen una relación importante.

BOLSA	EMPRESA	Prueba de Hipótesis	δ Local y δ EXT$_{LOCAL}$		
		Acepta H1	α	β	R^2
Borsa Italiana	Santander	✓	0.000345	0.648700	0.18
	ST Micro	✓	0.000006	1.000000	**1.00**
	Tenaris	✓	0.001119	0.387800	0.13
Deutsche Börse	América Móvil	✓	0.001038	0.273400	0.10
	Cemex	✓	0.000333	0.286200	0.06
	Telmex	NO	-0.000964	0.146800	0.00
Euronext	Adecco	NO	0.000193	-0.018300	0.00
	Grupo Carso	✓	0.000511	0.300700	0.01
	Kimberly Cl.	✓	0.000687	0.873300	0.31
London Stock Exchange	Astra-Zeneca	✓	0.000169	0.895000	**0.75**
	Bank of Ireland	✓	-0.000216	0.910800	**0.80**
	Xstrata	✓	0.000354	0.765600	**0.71**
New York Stock Exchange	Cemex	✓	0.000089	0.816200	**0.66**
	FEMSA	✓	0.000335	0.543400	0.43
	Telmex	✓	0.000684	0.300700	0.21
Tokyo Stock Exchange	Bayer Aktiengesellschaft	NO	0.001788	0.077800	0.00
	Deutsche Telekom	NO	-0.000293	-0.076300	0.00
	Société Générale	NO	0.000318	0.220000	0.01
Toronto Stock Exchange	Enerplus	✓	0.000129	0.875000	**0.77**
	Magna International	✓	-0.000483	0.782500	0.26
	Oncothyrenol	✓	0.001361	0.992300	**0.55**

Tabla de resultados del análisis de regresión según información pública disponible del 01/01/2003 al 30/06/ 2008

De igual manera y para facilitar la comprensión, se presenta una tabla con los rendimientos obtenidos en cada una de las bolsas del G8 y en las bolsas locales de cada empresa. En la siguiente tabla únicamente se presentan los rendimientos de aquellas empresas que al realizar la prueba de hipótesis obtuvieron como resultado la aceptación de la hipótesis alternativa. Esto debido a que son los únicos casos en los que se puede realizar una comparación entre los rendimientos.

BOLSA	EMPRESA	Periodo	RENTABILIDAD ANUALIZADA PROMEDIO	
			$\delta Local$	δExt_{Local}
Borsa Italiana	Santander (España)	2003-2008	27.17%	27.13%
	ST Micro (Holanda)	2003-2008	-17.94%	-17.76%
	Tenaris (Argentina)	2003-2008	53.11%	53.60%
Deutsche Börse	América Móvil (México)	2003-2008	**44.42%**	43.82%
	Cemex (México)	2003-2008	**34.55%**	28.33%
	* Cemex (México)	2003-2004	47.82%	24.85%
	* Cemex (México)	2005-2008	26.96%	30.31%
Euronext	Grupo Carso (México)	2003-2008	37.45%	**43.70%**
	Kimberly Cl.(México)	2003-2008	15.41%	**23.33%**
London Stock Exchange	Astra-Zeneca (Suecia)	2003-2008	-3.03%	-0.62%
	Bank of Ireland (Irlanda)	2003-2008	-7.59%	-11.56%
	Xstrata (Suiza)	2003-2008	33.80%	**34.34%**
New York Stock Exchange	Cemex (México)	2003-2008	**34.14%**	18.15%
	** Cemex (México)	2003-2004	46.72%	33.03%
	** Cemex (México)	2005-2008	26.96%	9.66%
	Femsa (México)	2003-2008	21.25%	21.76%
	Telmex (México)	2003-2008	10.03%	**19.84%**
Toronto Stock Exchange	Enerplus (USA)	2003-2008	29.17%	**32.59%**
	Magna International (USA)	2003-2008	**3.91%**	-8.26%
	Oncothyrenol (USA)	2003-2008	-17.68%	**14.92%**

Tabla de rendimientos anualizados promedio obtenidos en el periodo de estudio (01 de enero de 2003 – 30 de junio de 2008) según información pública disponible.

Como se puede observar en la tabla anterior, hay siete acciones que obtuvieron mayores rendimientos en las bolsas extranjeras que en las locales y en algunos casos, los rendimientos fueron extraordinarios, si a eso le añadiéramos las ganancias por el tipo de cambio, los diferenciales serían redituablemente más altos.

Sobresale el caso de Cemex que obtuvo rendimientos más altos en su bolsa local y en particular, la bolsa Italiana no representó una ganancia extraordinaria de rendimientos en las cotizaciones de las acciones seleccionadas.

Finalmente en la siguiente tabla muestra el rendimiento promedio del periodo (del 01/01/2003 al 30/06/2008) en cada una de las bolsas analizadas y en las bolsas locales. En cada acción se marca de color más claro, aquella que obtuvo rendimientos mayores y además se marcan en negrita cuando las diferencias fueron destacables.

BOLSA	EMPRESA	Periodo	RENTABILIDAD PROMEDIO DEL PERIODO	
			$\delta Local$	δExt_{Local}
Borsa Italiana	Santander (España)	2003-2008	122.27%	122.09%
	ST Micro (Holanda)	2003-2008	-80.73%	-79.92%
	Tenaris (Argentina)	2003-2008	239.00%	241.20%
Deutsche Börse	América Móvil (México)	2003-2008	199.89%	197.19%
	Cemex (México)	2003-2008	**155.48%**	127.49%
Euronext	Grupo Carso (México)	2003-2008	168.53%	**196.65%**
	Kimberly Cl.(México)	2003-2008	69.35%	**104.99%**
London Stock Exchange	Astra-Zeneca (Suecia)	2003-2008	-13.64%	-2.79%
	Bank of Ireland (Irlanda)	2003-2008	-34.16%	-52.02%
	Xstrata (Suiza)	2003-2008	152.10%	154.53%
New York Stock Exchange	Cemex (México)	2003-2008	**153.63%**	81.68%
	Femsa (México)	2003-2008	95.63%	97.92%
	Telmex (México)	2003-2008	45.14%	**89.28%**
Toronto Stock Exchange	Enerplus (USA)	2003-2008	131.27%	**146.66%**
	Magna International (USA)	2003-2008	**17.60%**	-37.17%
	Oncothyrenol (USA)	2003-2008	-79.56%	**67.14%**

Tabla de rendimientos promedios del periodo
según información pública disponible.

V. Conclusiones

Con respecto a la disponibilidad de la información, se descubrió que actualmente, no existe una base de datos accesible y gratuita que provea información de las bolsas más importantes de manera práctica y confiable. Esto debido a que, aún cuando Yahoo! Finance sea accesible, en su versión estadounidense resulta poco práctica pues no especifica detalles como la moneda en la que se presentan los precios de las acciones. Aunado a esto, sólo incluye unas cuantas bolsas y por ejemplo, la bolsa de Japón que es de gran importancia hoy en día, debe accederse de manera independiente y su contenido no se encuentra traducido ni siquiera al idioma inglés, lo cual se sugiere también a la Bolsa Mexicana de Valores. Circunstancialmente y aunque no es objeto de este estudio la bolsa de China presenta las mismas dificultades que la de Japón.

Durante la investigación también se evidenció el hecho de que existen empresas que cotizan en bolsas extranjeras y no lo hacen en su bolsa local. En el caso de México, se encontró que Fresnillo, la subsidiaria perteneciente al grupo Peñoles, cotizaba en la bolsa de Berlín desde el año 2000, mientras que en México no lo hizo sino hasta el año

2008. Asimismo, del grupo Carso se encontró información desde 1996 en bolsas extranjeras y sin embargo, los registros más antiguos que se encontraron en México fueron del año 2000.

Al buscar empresas extranjeras que cotizaran en la bolsa de Londres, se encontró que, durante el año 2007, específicamente entre el 13 y 14 de Noviembre, un gran número de empresas extranjeras de gran importancia, dejó de listar en dicha bolsa. Entre las empresas que abandonaron la LSE se encontraron BNP Paribas, Dow Chemical Company, Alcatel-Lucent, Deutsche Bank, Microsoft, JP Morgan Chase y Holcim.

Se puede concluir que, como se mencionó durante el trabajo, el tamaño de la empresa puede representar un papel importante al momento de listar en el extranjero. Debido a que las empresas están obligadas a mantener un nivel específico de capitalización y el cobro de las cuotas se basa en esa capitalización, los costos de listado y mantenimiento que para una empresa grande pueden no ser significativos, para una empresa pequeña serían muy importantes y podrían incluso provocar que la empresa no pudiera continuar listando. Además de estos costos, también existen costos que surgen como resultado de la obligación de cumplir con los estándares contables internacionales los cuales pueden provocar los mismos efectos anteriormente mencionados.

Asimismo, resulta más seguro listar en mercados desarrollados y establecidos debido a que unos de los mayores riesgos en los mercados emergentes son sin duda, las acciones y decisiones gubernamentales. Por lo que, el hecho de que el gobierno apoye e incentive la inversión extranjera y brinde la seguridad necesaria, ayuda a mitigar el riesgo o la percepción que tiene el inversionista o la emisora sobre dicho riesgo.

Se eligió presentar e incluir a Rusia en la investigación de los requisitos para listar debido a que el rublo es una moneda que está ganando fuerza, además, las reservas de moneda extranjera de Rusia son las terceras más grandes del mundo (Levitov, 2007). Por ello, es necesario tener presente que la economía de Rusia está desarrollándose a gran velocidad y debe tomarse en cuenta a dicho país al momento de tomar decisiones. Especialmente cuando el gobierno de dicho país ya ha reconocido la importancia de la presencia extranjera en sus mercados de valores y ha aprobado la inclusión de ésta a partir del 2008.

Además de las observaciones en cuanto a los requisitos y el funcionamiento de las bolsas, en lo referente al análisis de los rendimientos se puede concluir que resulta rentable listar en el extranjero no sólo por la obtención de rendimientos por la acción misma, sino además por la ganancia cambiaria que se obtiene.

En general, en la mayoría de los casos analizados (16 de 21), se rechazó la Hipótesis nula y se aceptó la alternativa, es decir, que no se encontró evidencia estadísticamente significativa de una relación en los rendimientos.

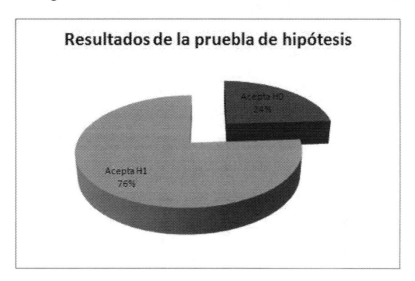

De estos 16 casos, 10 obtuvieron rendimientos mayores en la bolsa extranjera, ya sea pequeñas o grandes diferencias, y únicamente 6 obtuvieron un rendimiento mayor en su bolsa local.

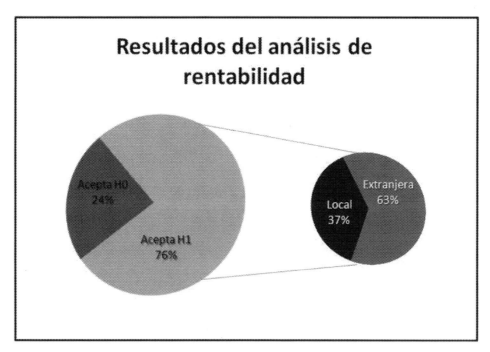

En primer lugar podemos concluir que no necesariamente hay una relación estadísticamente significativa entre los rendimientos locales y extranjeros para una misma acción, tal y como se determinó en 5 de las 21 acciones analizadas, por lo que no es muy recomendable concluir que un rendimiento constantemente (periodos cortos) fue superior a otro, no obstante que en el largo plazo (periodo de cinco años) uno de ellos sea mayor.

Considerando las acciones seleccionadas, podemos concluir que el 31.25% (sobre el total de 21 acciones analizadas) de las que presentaron una relación estadísticamente significativa fueron más rentables en la bolsa extranjera que en su bolsa local.

En el caso de Cemex tanto en las comparaciones de la bolsa de Frankfurt como en Nueva York, se observó que durante todo el periodo de análisis existió un rendimiento mayor en la bolsa de México. Particularmente los rendimientos de Cemex en Frankfurt fueron superiores a la Bolsa Mexicana de Valores durante el periodo de 2005 a 2008, situación que no se observó en Nueva York.

En general, la bolsa italiana mostró resultados muy similares a los rendimientos locales de las acciones, no obstante que pertenecen a continentes diferentes. La bolsa Euronext reflejó rendimientos muy superiores en los dos casos considerados y finalmente en la bolsa de Canadá se exhibieron resultados mixtos aunque en los tres casos los diferenciales son notables.

Tras haber concluido el estudio de la rentabilidad y la investigación de los requisitos y costos, surgieron diversos fenómenos de interés que se proponen para futuras líneas de investigación.

El primer fenómeno es el ocurrido en la bolsa de Londres durante el 2007 cuando muchas empresas dejaron de listar. Dicho fenómeno se considera destacable y se propone su estudio e investigación en trabajos subsecuentes.

Se considera conveniente realizar un análisis de rentabilidad de instrumentos derivados con la finalidad de comprobar en qué situaciones son convenientes y en qué momento pueden representar una desventaja.

Además, se propone la realización de un análisis más profundo acerca de la rentabilidad de las acciones listadas en el extranjero. Para ello, sería necesario utilizar una muestra significativa que permita corroborar, con mayor certeza, si los rendimientos continúan siendo superiores en las bolsas extranjeras.

Se podrían ampliar la presente investigación, a través de un análisis de liquidez de las bolsas estudiadas o mediante un análisis de rentabilidad de acciones de empresas que se encuentran en países desarrollados y listen en países emergentes.

Finalmente, creemos que la globalización financiera es un campo de investigación muy importante porque, como se ha constatado en los últimos tiempos, las relaciones entre los países van mucho más allá de un simple intercambio comercial y se traduce en impactos económicos y financieros que fomentan o impiden el desarrollo de los países.

Bibliografía

* Arriazu, R. (2007). *La crisis financiera daña a los países en desarrollo*. Recuperado el 20 de Agosto de 2008, de Economista: http://www.clarin.com/diario/2007/08/19/opinion/o-03003.htm

* Boisvert, S., & Gaa, C. (2001). *Innovation and Competition in Canadian Equity Markets*. Recuperado el 30 de Agosto de 2008, de Bank of Canada Review: http://ideas.repec.org/a/bca/bcarev/v2001y2001isummerp15-30.html

* Bolsa Mexicana de Valores. (s.f.). *Requisitos*. Recuperado el 02 de Octubre de 2008, de Bolsa Mexicana de Valores: http://www.bmv.com.mx

* Borsa Italiana. (s.f.). *Regolamento dei Mercati e relative Istruzioni*. Recuperado el 01 de Octubre de 2008, de Borsa Italiana: http://www.borsaitaliana.it/documenti/regolamenti/regolamenti/regolamentob orsa-istruzionialregolamento.htm

* Bosa Italiana. (s.f.). *Come Quotarsi.* Recuperado el 15 de Septiembre de 2008, de Bosa Italiana: http://www.borsaitaliana.it/prodottieservizi/quotazione/comequotarsi/comequotarsi.htm

* British Encyclopedia. (2005). *The Importance of the Stock Exchange.* Recuperado el 17 de Agosto de 2008, de British Encyclopedia: http://www.british-encyclopedia.com/

* Cardenas, E. (2008). *Mexican Corporations Entering and Leaving U.S. Markets: An Impact of the Sarbanes-Oxley Act of 2002.* Recuperado el 20 de Agosto de 2008, de Connecticut Journal of International Law, Vol. 23, N° 2: http://papers.ssrn.com/sol3/papers.cfm?abstract_id=993636

* Choi, F., & Mueller, G. (1984). *International Accounting.* Englewood Cliffs, NJ.: Prentice-Hall.

* Claessens, S., & Schmukler, S. (2007). *International Financial Integration Through Equity Markets: Which Firms from Which Countries Go Global?* Recuperado el 28 de Agosto de 2008, de World Bank Policy Research Working Paper No. 4146: http://papers.ssrn.com/sol3/papers.cfm?abstract_id=965074

* Congreso de la Unión. (28 de Abril de 1995). *Ley de la Comisión Nacional Bancaria y de Valores.* Recuperado el 16 de Septiembre de 2008, de Orden Jurídico: http://www.ordenjuridico.gob.mx/Federal/PL/CU/Leyes/28041995(1).pdf

* Deutsche Börse. (s.f.). *Listing Requirements.* Recuperado el 12 de Septiembre de 2008, de Deutsche Börse: http://deutsche-boerse.com/dbag/dispatch/de/kir/gdb_navigation/listing

* Doidge, C. (2007). *Has New York Become Less Competitive in Global Markets? Evaluating Foreign Listing Choices over Time.* Recuperado el 28 de Agosto de 2008, de ECGI - Finance Working Paper No. 173/2007: http://papers.ssrn.com/sol3/papers.cfm?abstract_id=982193

* Economist. (1994). Recuperado el 28 de Agosto de 2008, de Economist, Vol. 332, Fascículo 7881: Academic Search Complete (EBSCO)

* Euronext. (s.f.). *Listing Process*. Recuperado el 13 de Septiembre de 2008, de NYSE-Euronext: http://www.euronext.com/landing/equitiesOP-18863-EN.html

* Financial Services Authority. (s.f.). *Being Regulated*. Recuperado el 20 de Septiembre de 2008, de Financial Services Authority: http://www.fsa.gov.uk/Pages/Doing/Regulated/index.shtml

* Gagnon, L., & Karolyi, G. (2006). *Price and Volatility Transmission across Borders.* Recuperado el 02 de Septiembre de 2008, de Financial Markets, Institutions & Instruments. Vol. 15, No. 3, pp. 107-158.: http://ssrn.com/abstract=923185

* Globalization101 org. (2008). *Globalization.* Recuperado el 18 de Agosto de 2008, de A project of the Levin Institute: A graduate institute of the State University of New York: http://www.globalization101.org/

* Karolyi, G. (1996). *What Happens to Stocks that List Shares Abroad? A survey of the evidence and its managerial implications.* Recuperado el 10 de Septiembre de 2008, de Ohio State University - Department of Finance: http://ssrn.com/abstract=1612

* Khurana, I., Periera, R., & Martin, X. (2008). *Cross-listing and Firm Growth.* Recuperado el 10 de Septiembre de 2008, de Review of Finance: http://papers.ssrn.com/sol3/papers.cfm?abstract_id=1159628

* Levitov, M. (2007). *Russian Currency Reserves Advance to $417.1 Billion. Update 1.* Recuperado el 10 de Septiembre de 2008, de Bloomberg press: http://www.bloomberg.com/apps/news?pid=20601095&sid=a70bd2vBDwrk&refer=east_europe

* London Stock Exchange . (s.f.). *Issuer Services*. Recuperado el 19 de Septiembre de 2008, de London Stock Exchange : http://www.londonstockexchange.com/en-gb/groupwebsite/aboutus/What+we+do/issuerservices.htm

* Meek, G., & Gray, S. (1989). *Globalization of Stock Markets and Foreign Listing Requirements: Voluntary Disclosures by Continental European Companies Listed on the London Stock Exchange.* Recuperado el 10 de Septiembre de 2008, de Journal of International Business Studies, Vol. 20:

http://www.questia.com/PM.qst;jsessionid=JDlFTQXGnLk2pSlkGWYwyrPRHvZxr
B8Z4gVjTpgQhl62wlNQQYDc!2216916?a=o&d=5000114376

* Moscow Interbank Currency Exchange . (1996). *Federal law on the securities market*. Recuperado el 18 de Septiembre de 2008, de Moscow Interbank Currency Exchange : http://www.micex.com/4investors/download/fed_law.pdf

* Moscow Interbank Currency Exchange . (s.f.). *How to list a security*. Recuperado el 21 de Septiembre de 2008, de Moscow Interbank Currency Exchange : http://www.micex.com/fbmmvb/listing.html

* New York Stock Exchange. (s.f.). *Listings*. Recuperado el 15 de Septiembre de 2008, de New York Stock Exchange: http://www.nyse.com/

* New York Stock Exchange. (s.f.). *Regulation*. Recuperado el 15 de Septiembre de 2008, de New York Stock Exchange: http://www.nyse.com/

* Platt, G. (2006). *Cross-Listed Companies Benefit*. Recuperado el 10 de Septiembre de 2008, de Global Finance: http://findarticles.com/p/articles/mi_qa3715/is_200603/ai_n17173103?tag=content;col1

* Santiso, J. (2008). La emergencia de las multilatinas. *Revista de la Cepal* , 7-30.

* Secretaria de Hacienda. (28 de Junio de 2007). *Ley del Mercado de Valores*. Recuperado el 15 de Septiembre de 2008, de Orden Juridico: http://www.ordenjuridico.gob.mx/Federal/Combo/L-86.pdf

* Security and Exchange Commission . (s.f.). *Laws and Regulations*. Recuperado el 17 de Septiembre de 2008, de Security and Exchange Commission : http://www.sec.gov/about/laws.shtml

* Serra, A. (1997). *Dual Listings on International Exchanges: The Case of Emerging Markets' Stocks. *. Recuperado el 10 de Septiembre de 2008, de European Financial Management Journal, Vol. 5, No. 2: http://papers.ssrn.com/sol3/papers.cfm?abstract_id=39460

* Stalinski, P., & Tuluca, S. (2006). *The Determinants of Foreign Listing Decision: Neural Networks versus Traditional Approaches.* Recuperado el 10 de Septiembre de 2008, de International Research Journal of Finance and Economics. N° 4: http://papers.ssrn.com/sol3/papers.cfm?abstract_id=930838

* Thomas, C. (2008). *India's Economy Grows 7.9%, Slowest Pace since 2004.* Recuperado el 10 de Septiembre de 2008, de Bloomberg: http://www.bloomberg.com/apps/news ?pid=newsarchive&sid=aj9HTXEeHbTo

* Tokyo Stock exchange . (s.f.). *Listings.* Recuperado el 19 de Septiembre de 2008, de Tokyo Stock exchange : http://www.tse.or.jp/english/listing/companies/index_e.html

* Tokyo Stock exchange . (s.f.). *Rules and Regulations.* Recuperado el 18 de Septiembre de 2008, de Tokyo Stock exchange : http://www.tse.or.jp/english/rules/regulations/index.html

* Tokyo Stock Exchange. (s.f.). *Listed Foreign Companies.* Recuperado el 30 de Septiembre de 2008, de Tokyo Stock Exchange: http://www.tse.or.jp/english/listing/foreign/transition.html

* Toronto Stock Exchange. (s.f.). *Listings.* Recuperado el 20 de Septiembre de 2008, de Toronto Stock Exchange: http://www.tsx.com/en/listings/listing_with_us/index.html

* Tovar, E. (2007). *Globalización del capital y desarrollo institucional del sistema financiero.* Recuperado el 09 de Septiembre de 2008, de Revista de economía institucional. Vol. 9, Nº. 17, pags. 75-107: http://www.economiainstitucional.com/pdf/No17/etovar17.pdf

* Velez, D., & Et-al. (2003). *Method and system for allocating assets in emerging markets.* Recuperado el 08 de Septiembre de 2008, de New York, US. Patente 7240030: http://www.patentstorm.us/patents/007240030.pdf

* Walter, A. (2002). *Understanding Financial Globalization.* Recuperado el 10 de Septiembre de 2008, de London Stock Exchange: http://personal.lse.ac.uk/WYATTWAL/Understanding%20global%20finance.pdf

* Weber, K., & Davis, G. (2000). *The Global Spread of Stock Exchanges, 1980-1998.* . Recuperado el 10 de Septiembre de 2008, de University of Michigan Business School. Working Paper Number 341: http://ideas.repec.org/p/wdi/papers/2000-341.html

* Yahoo! (2008). *Finance*. Recuperado el 10 de Octubre de 2008, de Yahoo!: http://finance.yahoo.com/

* Yahoo! France. (2008). *Finance*. Recuperado el 2 de Octubre de 2008, de Yahoo! Finance France: http://fr.finance.yahoo.com/

* Yahoo! Japan. (2008). *Finance*. Recuperado el 5 de Octubre de 2008, de Yahoo! Finance Japan: http://quote.yahoo.co.jp/

* Yahoo! Mexico. (2008). *Finanzas*. Recuperado el 5 de Octubre de 2008, de Yahoo! Finanzas Mexico: http://mx.finance.yahoo.com/

* Yahoo! UK and Ireland. (2008). *Finance*. Recuperado el 3 de Octubre de 2008, de Yahoo! Finance UK and Ireland: http://uk.finance.yahoo.com/

* Yuvejwattana, S., & Nambiar, S. (2008). *Thailand's Central Bank Says Instability Poses Risks.* Recuperado el 10 de Septiembre de 2008, de Bloomberg press: http://www.bloomberg.com/apps/news?pid=newsarchive&sid=a02aYz8Tcskg

Anexos

A. Documentos para BMV

1.- Solicitud de listado para la BMV

El siguiente, es el formato de solicitud que debe presentarse para poder listar en la Bolsa Mexicana de Valores. Éste, fue obtenido directamente del sitio web de la bolsa.

BOLSA MEXICANA DE VALORES
SOLICITUD DE INSCRIPCIÓN DE
ACCIONES

(APLICABLE, EN LO CONDUCENTE, A CERTIFICADOS DE PARTICIPACIÓN ORDINARIOS SOBRE ACCIONES)

_____ solicita a la Bolsa Mexicana de Valores, S.A. de C.V.,

Nombre de la Empresa la inscripción de sus acciones (en su caso, certificados de participación ordinarios sobre acciones), bajo las siguientes:

CARACTERÍSTICAS DEL CAPITAL SOCIAL

Inscripción en la Sección "I" o "II":
_____

Capital social pagado a Inscribir:
_____

No. de acciones a Inscribir:
_____

Integración por series:
_____

Tipo de Acciones:
_____

Valor Nominal:
_____

CARACTERÍSTICAS DE LA OFERTA PÚBLICA

Tipo de Oferta (Primaria, Secundaria o Mixta):
_____

Oferta Nacional u Oferta Nacional y en otros mercados:
_____

No. de Acciones o CPO´s a ofrecer en México:

_____

Primaria Nacional:

_____

Secundaria Nacional:

_____

Sobreasignación Nacional:

_____

En su caso, No. de Acciones o CPO´s a ofrecer en el extranjero:

_____

—

Primaria en otros mercados:

_____

Secundaria en otros mercados:

_____

Sobreasignación en otros mercados:

_____

Valor Nominal:

_____

Series:

_____

Porcentaje que representa la oferta nacional del capital social después de la oferta:

_____

Porcentaje que representa la oferta en otros mercados del capital social después de la oferta:

_____

Rango del Precio de Colocación: _____ Cupón
Vigente:_____

Monto: _____ No. de Acciones por Certificado de Participación Ordinario:

_____

Múltiplos Conocidos ( ), Estimados ( ) (Veces):

_____

Precio/Utilidad _____ Precio/Valor en Libros

_____

Precio/EBITDA _____ Ultimos 12 meses, con información financiera al:

_____

Tratándose de oferta de compra y suscripción recíproca de acciones, se aplicará también, en lo conducente, la presente solicitud y se complementará con los datos referentes al factor de intercambio y las bases para su determinación.

Adjuntamos a la presente, la documentación sobre la solicitud de inscripción y de autorización de oferta pública de acuerdo con lo señalado por las Disposiciones de carácter general aplicables a las emisoras de valores y a otros participantes del mercado

de valores (Circular de Emisoras) emitidas por la Comisión Nacional Bancaria y de Valores y los anexos que se indican a continuación (en original y copia).

1. Solicitud de inscripción y de autorización de oferta pública con el contenido que se detalla en el Anexo A de la Circular de Emisoras.

2. Cuadro resumen de documentación e información entregada según Anexo B de la

Circular de Emisoras.

3. Instrumento público que contenga el poder o copia certificada ante fedatario público del poder general del representante de la Emisora o de la institución fiduciaria, en su caso, con los datos de inscripción en el Registro Público de Comercio, según corresponda, así como una constancia suscrita por el secretario del consejo de administración o, en su caso, del comité técnico del fideicomiso, que autentifique que las facultades del representante legal no han sido revocadas, modificadas o limitadas a la fecha de presentación de la solicitud.

La referida constancia deberá señalar en forma expresa, los datos que correspondan a la asamblea de accionistas o sesión del consejo de administración o del comité técnico, en el que conste la designación de dicho representante.

Cuando la promovente sea representada por la misma persona, con motivo de inscripciones anteriores, bastará con presentar copia simple del instrumento público en el que se contenga el poder general a que hace referencia el primer párrafo de este inciso, acompañada de la autentificación del secretario del consejo de administración o del comité técnico del fideicomiso.

Tratándose de instituciones de crédito bastará con ajustarse a lo previsto por el artículo 90 de la Ley de Instituciones de Crédito.

4. Instrumento público o copia certificada ante fedatario público de la escritura constitutiva, así como las modificaciones a los estatutos sociales, cada uno con datos de inscripción en el Registro Público de Comercio o constancia de trámite en el citado Registro o, en su caso, la protocolización de la asamblea general de accionistas en la que haya aprobado la compulsa de los estatutos con los datos del Registro Público de Comercio de dicho instrumento de la Emisora o, en su caso, de la Fideicomitente, administrador de los activos o de cualquier otro tercero cuando el cumplimiento de las obligaciones del fideicomiso dependa total o parcialmente de estos últimos.

5. Proyecto de acta de asamblea general de accionistas o del acuerdo del consejo de administración de la Emisora o del comité técnico del fideicomiso en el que se acuerde la emisión de los valores y solicitar su inscripción, según resulte a cada tipo de valor. Asimismo, proyecto de reforma a los estatutos sociales para adecuarlos a las disposiciones aplicables.

El instrumento público o copia certificada del acta de asamblea con los datos de inscripción en el Registro Público de Comercio, cuando así proceda o, en su caso, copia autentificada del acuerdo de consejo de administración o del comité técnico, deberá entregarse a más tardar el día de inicio de la oferta pública.

6. Proyecto del título de los valores a ser inscritos. La copia del título definitivo depositado en alguna institución para el depósito de valores deberá entregarse previamente a que se realice la operación de colocación en Bolsa de la oferta pública de que se trate.

7. Estados Financieros dictaminados por Auditor Externo de la Emisora, así como de sus Asociadas, relativos a los 3 últimos ejercicios sociales o desde la fecha de constitución de la empresa, cuando ésta sea menor a 3 años, sin que el Estado Financiero correspondiente al ejercicio más reciente tenga una antigüedad superior a 15 meses. Para los efectos de este inciso, se considerarán exclusivamente las Asociadas que contribuyan con más de 10% en las utilidades o activos totales consolidados de la Emisora correspondientes al ejercicio inmediato anterior, exceptuando a las sociedades de inversión, cuando la Emisora sea entidad financiera.

Cuando los Estados Financieros del ejercicio más reciente a la fecha de colocación lleguen a tener una antigüedad mayor a 6 meses, se presentarán adicionalmente Estados Financieros con revisión limitada con fecha de corte no mayor a dicho período, en forma comparativa con los Estados Financieros correspondientes al mismo lapso del ejercicio anterior.

En el caso de valores que se inscriban como resultado de una escisión o fusión, se entregarán Estados Financieros combinados dictaminados por Auditor Externo, o cuando sea posible, información financiera proforma por el mismo periodo señalado en este inciso, relativa a la sociedad que resulte de la escisión o fusión, de conformidad con el Artículo 81, fracción IV de la Circular de Emisoras.

8. Documento a que hace referencia el Artículo 84 y el Artículo 87 de la Circular de Emisoras, suscrito por el Auditor Externo y por el licenciado en derecho respectivamente.

9. Opinión legal, en la forma y términos establecidos en el Anexo C de la Circular de Emisoras, expedida por licenciado en derecho que reúna los requisitos de independencia a que se refiere el Artículo 87 de dicha Circular.

10. Informe correspondiente al grado de adhesión al Código de Mejores Prácticas Corporativas de acuerdo con lo señalado en el Anexo J de la Circular de Emisoras.

11. Proyecto del contrato de colocación a suscribir con el Intermediario Colocador.

12. Proyecto de aviso de oferta pública con la información que se contiene en la carátula del prospecto de colocación a que hace referencia el numeral siguiente.

El proyecto de aviso de oferta pública que se presente a esta Bolsa, únicamente podrá omitir la información relativa al precio y monto definitivos, así como aquélla que únicamente sea posible conocer hasta el día previo al inicio de la oferta pública.

13. Proyecto de prospecto de colocación preliminar, que contenga la información que se detalla en el Anexo H de la Circular de Emisoras. Deberá entregarlo en archivo electrónico para incorporarlo en la página de Internet de la Bolsa.

El prospecto preliminar podrá omitir información relativa al precio y montos definitivos, así como aquella que sólo sea posible conocer hasta el día previo al inicio de la oferta pública.

14. Documentación señalada en la fracción I del Artículo 7 de la Circular de Emisoras.

15. En el caso de certificados de participación ordinarios sobre acciones, además se deberá presentar la siguiente documentación:

- La documentación señalada en los numerales 4, 5, 7, 8, 10 y 14 anteriores, deberá ser respecto del fideicomitente, excepto tratándose de certificados de participación ordinarios sobre acciones de 2 o más Emisoras.

- Dictamen a que se refiere el artículo 14 Bis 9 de la Ley del Mercado de Valores.

- Proyecto de contrato a que se refiere el numeral 3 del inciso a) de la fracción II del artículo 7 de la Circular de Emisoras.

El contrato definitivo deberá entregarse a más tardar el día hábil previo a la fecha en que pretenda dar inicio la oferta pública de que se trate.

- Proyecto de acta de emisión, que cumpla con lo previsto en el artículo 228 m de la Ley General de Títulos y Operaciones de Crédito.

- En su caso, Oficio de Banco de México.

Las Emisoras con valores inscritos en la Sección de Valores, siempre que se encuentren al corriente en la entrega de información periódica, podrán omitir al tramitar la solicitud la información y documentación siguiente:

La señalada en los numerales 4, 7 y 10 anteriores, en este último cuando dicha información haya sido presentada por la Emisora durante el año inmediato anterior al que pretenda obtener la Inscripción, excepto en el caso de existir cambios no hechos del conocimiento público.

DOCUMENTACIÓN REQUERIDA PARA CELEBRAR LA OPERACIÓN DE COLOCACIÓN O EL ALTA DE VALORES

Previo a que surta efectos la inscripción en Bolsa, se deberá proporcionar lo siguiente:

- A más tardar, el día hábil anterior a la celebración de la Operación de colocación o del alta de los valores, se deberá entregar carta con las características definitivas de la emisión y la composición del capital social pagado después de la oferta.

- Oficio de la Comisión Nacional Bancaria y de Valores que autorice la inscripción y, en su caso, la oferta pública correspondiente.

- Documentación legal definitiva, suficiente para acreditar la validez jurídica de la inscripción y, en su caso, de la oferta pública.

- Prospecto de Colocación Definitivo a través de los medios electrónicos que la Bolsa determine, para su difusión en Internet.

- Copia del contrato de colocación firmado que deberá entregarse a esta Bolsa, a más tardar el día en que inicie la oferta pública de que se trate.

- En su caso, Aviso de Oferta Pública.

- Constancia de depósito en la S.D. INDEVAL de los valores objeto de inscripción.

- En su caso, testimonio del acta de emisión debidamente inscrito en el Registro Público de Comercio.

De ser aceptada la presente solicitud, mi representada se obliga a cumplir con los sanos usos y prácticas del mercado, con las normas contenidas en el Reglamento Interior de la Bolsa Mexicana de Valores, S.A. de C.V., y manifiesta su conformidad para que esa Bolsa de Valores, en su caso, haga públicas las medidas disciplinarias y correctivas que, previo procedimiento disciplinario, le sean impuestas. Asimismo, mi representada se adhiere al Código de Ética Profesional de la Comunidad Bursátil Mexicana y asume el conocimiento del Código de Mejores Prácticas Corporativas.

Sirva esta solicitud para hacer del conocimiento público las características y datos necesarios que permitan identificar a la emisora y el tipo de valor que pretende inscribir en esta Institución.

Además, manifiesto que la información contenida en esta solicitud y en los documentos que se anexan es veraz.

Con fundamento en lo dispuesto por el Reglamento Interior de la Bolsa Mexicana de Valores, S.A. de C.V., mi representada acepta que esa Bolsa de Valores se reserve el derecho a solicitar la información adicional o bien, las aclaraciones que considere pertinentes para llevar a cabo los estudios de esta solicitud. Toda la documentación deberá ser original, dirigida a la Bolsa Mexicana de Valores, S.A. de C.V., en lo conducente, y venir firmada por representante legal, quien deberá contar con poder general para ejercer actos de administración.

México, D.F., a _____ de _____ de _____.

A t e n t a m e n t e

Representante legal (En su caso representante legal de la fideicomitente)

Firma: _____

Nombre: _____

Cargo: _____

Emisora: _____

PARA CERTIFICADOS DE PARTICIPACIÓN ORDINARIOS SOBRE ACCIONES

De ser aceptada la presente solicitud y en representación del Fideicomiso base de la emisión de los certificados de participación ordinarios sobre acciones, me obligo a cumplir con los sanos usos y prácticas del mercado, así como con el Código de Ética Profesional de la Comunidad Bursátil Mexicana, con las normas contenidas en el Reglamento Interior de la Bolsa Mexicana de Valores, S.A. de C.V., y manifiesto mi conformidad para que esa Bolsa de Valores, en su caso, haga públicas las medidas disciplinarias y correctivas que, previo procedimiento disciplinario, le sean impuestas.

Sirva esta solicitud para hacer del conocimiento público las características y datos necesarios que permitan identificar a la emisora y el tipo de valor que pretende inscribir en esa Institución.

Además, manifiesto que la información contenida en esta solicitud y en los documentos que se anexan es veraz.

Con fundamento en lo dispuesto por el Reglamento Interior de la Bolsa Mexicana de Valores, S.A. de C.V., mi representada acepta que esa Bolsa de Valores se reserve el derecho a solicitar la información adicional o bien, las aclaraciones que considere pertinentes para llevar a cabo los estudios de esta solicitud. Toda la documentación deberá ser original, dirigida a la Bolsa Mexicana de Valores, S.A. de C.V., en lo conducente, y venir firmada por el delegado fiduciario, quien deberá contar con poder general para ejercer actos de administración.

México, D.F., a _____ de _____ de _____.

A t e n t a m e n t e

Delegado Fiduciario y Representante legal la Fideicomitente

Firma: _____

Nombre: _____

Cargo: _____

Emisora: _____

B. Documentos para BI

1.- Solicitud para listado

El siguiente, es el formato de solicitud que debe presentarse para poder listar en la Borsa Italiana. Éste, fue obtenido directamente del sitio web de la bolsa.

TITLE IA.1

APPLICATIONS FOR ADMISSION TO LISTING AND THE DOCUMENTATION TO BE ATTACHED 1

MODEL APPLICATION FORM FOR ISSUERS NOT HAVING FINANCIAL INSTRUMENTS ADMITTED TO TRADING AFTER 2 JANUARY 1998

Application for Listing of shares on MTA (excluding share to be admitted on MTF segment)

Section 1 – The Issuer

Company   name
....

With   registered   office   in
....

Address .... Post code ....

Tel. .... Fax ....

VAT   no.   .... Tax   code
....

First name and family name of the legal representative or other duly authorised person
....
...

Position   held   in   the   company
....

WHEREAS

– Consob, in resolution no. 11091 of 12 December 1997, authorised Borsa Italiana S.p.A. to operate the regulated markets it organises and manages;

– the organisation and management of the Stock Exchange, the *Expandi* market and the market for derivative financial instruments (IDEM) are governed by rules approved by the ordinary shareholders' meeting of Borsa Italiana S.p.A. on 11 December 1997 (hereinafter, as last amended, the "Rules");

– the Board of Directors of Borsa Italiana S.p.A. has approved the Instructions accompanying the Rules;

1 For financial instruments issued by Borsa Italiana, Borsa Italiana shall submit an application for admission to listing drawn up in accordance with models equivalent to those of this title, insofar as applicable, and shall attach the documentation specified in Sections IA.1.1, IA.1.2 and IA.1.3 where this is provided for.

– Borsa Italiana S.p.A. ensures the confidentiality of any inside information communicated to it, including in connection with its examination of applications and in accordance with Title 2.6 of the Rules and the accompanying Instructions;

– the Company on .... (date) in resolution no. .... appointed .... to collaborate as sponsor in the present admission procedure and granted it the broadest powers pursuant to and for the purposes of Title 2.3 of the Rules until .... (date)

APPLIES

In accordance with Article 2.4.1 of the Rules, for the admission to listing of its shares by way of the procedure referred to in Article 2.4.2 [2.4.3] [2.4.4] of the Rules, and undertakes to that end to transmit – via QUiCK, the electronic service organised and managed by Borsa Italiana and accessible from the service's website– the declarations, documents, information and data laid down in the Rules, which shall be an integral part of this Application for Listing, in conformity with the General Conditions for the supply of the QUiCK Service.

The Issuer accordingly undertakes to recognise as its own the declarations, documents, information and data transmitted as above using the access codes (User IDs and passwords) assigned by Borsa Italiana S.p.A. and hold Borsa Italiana harmless from and against any liability in the event of communications made by unauthorised persons.

For the purpose of using the QUiCK Service, the Issuer requests Borsa Italiana to authorise the following persons by sending access codes:

Authorising user of the Issuer

First name and family name...

Mobile phone no. .... Office phone no..

Fax .... E-mail ....

Position held in company ....

Authorising user of the Issuer

First name and family name...

Mobile phone no. .... Office phone no. ....

Fax .... E-mail ....

Position held in company ....

Issuer's operational user

First name and family name...

Mobile phone no. .... Office phone no. ....

Fax .... E-mail ....

Position held in company ....

Communications from the Issuer shall be valid and effective only if validly approved by ☐ one ☐ two of the above authorising users of the Issuer.

In addition the Issuer declares that:

☐ an analogous application has been submitted to the regulated market of ....

☐ it is intended that an analogous application should be submitted within the next

12 months to the regulated market of ....

☐ it is not intended that an analogous application should be submitted within the next

12 months to any other regulated market.

In addition, the Issuer declares that it has viewed the information document provided on Borsa Italiana's website pursuant to Article 13 of Legislative Decree no. 196 of 30 June 2003, as amended, and the rights listed in Article 7 of the same decree. The Issuer:

grants its consent ☐ denies its consent ☐

1. to the processing of its personal data by the Enlarged Group, for the purposes referred to in point 1(c) of the information document;

grants its consent ☐ denies its consent ☐

2. to the communication of its personal data to third parties referred to in point 2(c) of the information document, exclusively for the purposes indicated in such document;

grants its consent ☐ denies its consent ☐

3. to the transfer abroad of its personal data, including outside the EU, for the purposes referred to in point 1(c) of the information document, either by or without electronic or otherwise automated means.

Borsa Italiana may communicate the data of the Issuer in its possession to other companies of the Borsa Italiana Group if such data were to become necessary for them to perform their functions.

Applicable rules and regulations

In signing this Application for Listing, the Issuer undertakes to observe the provisions of the Rules and the Instructions, which it declares it knows and accepts, and to observe subsequent amendments to the Rules and the Instructions.

This Application for Listing and the legal relationships that derive from it are therefore to be understood as governed, pursuant to Articles 1341 and 1342 of the Civil Code, by the Rules, the Instructions and the General Conditions for the supply of the QUiCK Service which the Issuer declares it knows and accepts, having viewed them on Borsa Italiana's website.

_____

(Place and date)

_____

(Stamp of the Issuer and signature of its legal representative or other duly authorised person)

_____

(First name and family name of the legal representative or other duly authorised person)

Pursuant to and for the purposes of Articles 1341 and 1342 of the Civil Code, the Issuer expressly accepts:

• the following Articles of the Rules: 2.1.2 (Powers in relation to admission), 2.1.3 (General conditions for admission), 2.1.4 (Additional conditions for foreign issuers), 2.1.5 (Additional conditions for issues made by Italian issuers and subject to foreign law), 2.2.1 (Requirements for issuers of shares), 2.2.2 (Requirements for shares), 2.2.3 (Additional requirements for shares to qualify as Star shares), 2.2.4 (Certificates representing shares), 2.2.18 (Special distribution conditions), 2.2.36 (Requirements for listing of shares of investment companies), 2.2.37 (Requirements for investment companies), 2.2.38 (Requirements for the shares), 2.3.1 (Appointment of sponsors), 2.3.2 (Intermediaries eligible to act as sponsors), 2.3.3 (Relationships between sponsors and issuers), 2.3.4 (Role of the sponsor in the case of admission of financial instruments), 2.3.5 (Obligations of specialists in the Star segment), 2.3.6 (Relationships between issuers and Star specialists), 2.3.7 (Disclosure), 2.4.1 (Applications for admission to listing), 2.4.5 (Negotiable rights), 2.5.1 (Suspension and revocation of listing), 2.5.2 (Revocation procedure), 2.5.3 (Publicity), 2.5.6 (Delisting upon request), 2.5.7 (Delisting upon request of foreign issuers), 2.6.1 (Relationships with issuers of listed financial instruments), 2.6.2 (Disclosure requirements), 2.6.3 (Additional requirements for investment companies), 2.6.4 (Additional obligations of issuers that exercise or have exercised the option referred to in Article 1(120) of Law 296/2006), 2.6.5 (Communication of price-sensitive information), 2.6.6 (Obligations of issuers in the event of operations affecting trading in financial instruments), 2.6.7 (Manner of acquiring own shares in the market), 2.6.8 (Duration of tender offers), 2.6.10 (Measures against issuers), 2.6.11 (Procedure for verifying violations), 2.6.12 (Challenging of measures), 2.6.13 (Disclosure to the public of measures), 2.6.16 (Fees), 2.7.1 (Manner of fulfilling disclosure requirements vis-à-vis the public and Borsa Italiana by issuers established under Italian law with shares admitted to trading on the Stock Exchange), 2.7.3 (Manner of fulfilling disclosure requirements when it is not possible to use the NIS), 4.9.1 (Controls and measures concerning trading), 4.9.2 (Measures concerning trading parameters, hours and phases), 7.1 (Jurisdiction), 7.2 (Disputes submitted to the courts), 7.3 (Other disputes), 7.4 (Appeals Board) and 7.5 (Board of Arbitration). • the following provisions of the General Conditions for the supply of the QUiCK Service: Articles 1 (Object), 2 (Operational procedures for using the QUiCK Service), 3 (Obligations and guarantees of the parties), 4 (Duration), 7 (Liability), 9 (General provisions), 10 (Applicable law and jurisdiction)

(Place and date)

(Stamp of the Issuer and signature of its legal representative or other duly authorised person)

(First name and family name of the legal representative or other duly authorised person)

Section 2 – The Sponsor

Company name ....

with registered office in ....

Trading office used for acting as sponsor (if different from the registered office) ....

Address ....…......................................…................ Post code ....

Tel. ....…...Fax ....…..........

Type of firm:

☐ bank

☐ investment firm

☐ intermediary entered in the register referred to in Article 107 of the Consolidated Law on Banking

In addition, the Sponsor declares that it has viewed the information document provided on Borsa Italiana's website pursuant to Article 13 of Legislative Decree no. 196 of 30 June 2003, as amended, and the rights listed in Article 7 of the same decree. The Sponsor:

grants its consent ☐ denies its consent ☐

1. to the processing of its personal data by the Enlarged Group, for the purposes referred to in point 1(c) of the information document;

grants its consent ☐ denies its consent ☐

2. to the communication of its personal data to third parties referred to in point 2(c) of the information document, exclusively for the purposes indicated in such document;

grants its consent ☐ denies its consent ☐

3. to the transfer abroad of its personal data, including outside the EU, for the purposes referred to in point 1(c) of the information document, either by or without electronic or otherwise automated means.

Borsa Italiana may communicate the data of the Sponsor in its possession to other companies of the Borsa Italiana Group if such data were to become necessary for them to perform their functions.

Applicable rules and regulations

In signing this Application for Listing, the Sponsor undertakes to observe the provisions of the Rules and the Instructions, and, in particular, the provisions of Title 2.3 of the Rules concerning the activity of sponsors, which it declares it knows and accepts, and to observe subsequent amendments to the Rules and the Instructions.

The Sponsor also undertakes to transmit via QUiCK, the electronic service organised and managed by Borsa Italiana and accessible from the service's website the declarations, documents, information and data laid down in the Rules, which shall be an integral part of this Application for Listing, in conformity with the General Conditions for the supply of the QUiCK Service.

The Sponsor accordingly undertakes to recognise as its own the declarations, documents, information and data transmitted as above using the access codes (User IDs and passwords) assigned by Borsa Italiana S.p.A. and holds Borsa Italiana harmless from and against any liability in the event of communications made by unauthorised persons.

For the purpose of using the QUiCK Service, the Sponsor requests Borsa Italiana to authorize the following persons by sending access codes:

Authorising user of the Sponsor

First name and family name..

Mobile phone no. .... Office phone no ....

Fax .... E-mail ....

Position held in company ....

Authorising user of the Sponsor

First name and family name..

Mobile phone no. .... Office phone no. ....

Fax .... E-mail ....

Position held in company ....

Sponsor's operational user

First name and family name..

Mobile phone no. .... Office phone no. ....

Fax .... E-mail ....

Position held in company ....

Communications from the Sponsor shall be valid and effective only if validly approved by

☐ one ☐ two of the above authorising users of the Sponsor.

_____

(Place and date)

_____

(Stamp of the Sponsor and signature of its legal representative or other duly authorised person)

_____

(First name and family name of the legal representative or other duly authorised person)

Pursuant to and for the purposes of Articles 1341 and 1342 of the Civil Code, the Sponsor expressly accepts:

• the following Articles of the Rules: 2.3.1 (Appointment of sponsors), 2.3.2 (Intermediaries eligible to act as sponsors), 2.3.3 (Relationships between sponsors and issuers), 2.3.4 (Role of the sponsor in the case of admission of financial instruments), 2.3.7 (Disclosure), 2.3.9 (Measure against sponsors), 2.3.10 (Procedure for verifying violations), 2.3.11 (Challenging of measures), 2.3.12 (Disclosure to the public of measures), 2.4.1 (Applications for admission to listing), 7.1 (Jurisdiction), 7.2 (Disputes submitted to the courts), 7.3 (Other disputes), 7.4 (Appeals Board) and 7.5 (Board of Arbitration). • the following provisions of the General Conditions for the supply of the QUiCK Services: Articles 1 (Object), 2 (Operational procedures for using the QUiCK

Service), 3 (Obligations and guarantees of the parties), 4 (Duration), 7 (Liability), 9 (General provisions), 10 (Applicable law and jurisdiction)

(Place and date)

(Stamp of the Sponsor and signature of its legal representative or other duly authorised person)

(First name and family name of the legal representative or other duly authorised person)

Section 3 – The Specialist

Company name ………………………………………………………………………..…….…...

with registered office in ………………………………………………………………….……

Trading office used for acting as MTA specialist (if different from the registered office)

…………………………………………………………

CED code ………………………………………………………………………………….

Tel. ……………………………………… Fax ……………………………………….…..

Date admitted to trading on the MTA market of the Stock Exchange ………………..

Date appointed and duration of the engagement ……………………….………………

☐ The Specialist declares that it is not part of the group to which the issuer belongs or which is headed by the Issuer

Applicable rules and regulations

In signing this Application for Listing, the Specialist undertakes to observe the provisions of the Rules and the Instructions, and, in particular, the provisions of Title 2.3 of the Rules concerning the activity of specialists, which it declares it knows and accepts, and to observe subsequent amendments to the Rules and the Instructions.

(Place and date)

(Stamp of the Specialist and signature of its legal representative or other duly authorised person)

(First name and family name of the legal representative or other duly authorised person)
Pursuant to Articles 1341 and 1342 of the Civil Code, the Specialist expressly accepts: the following Articles of the Rules: 2.3.5 (Obligations of specialists in the Star segment), 2.3.14 (Star specialists' obligations), 3.4.3 (Measures to protect the market), 3.4.4 (Measures against market intermediaries), 3.4.5 (Procedures for verifying violations), 3.4.6 (Challenging of measures), 3.4.7 (Disclosure to the public of measures), **4.1.11** 4.1.16 (Specialists in the Star segment), **4.1.13**

4.1.18 (MTA specialists), 4.9.1 (Controls and measures concerning trading), 7.1 (Jurisdiction), 7.2 (Disputes submitted to the courts), 7.3 (Other disputes), 7.4 (Appeals Board) and 7.5 (Board of Arbitration).

_____

(Place and date)

_____

(Stamp of the Specialist and signature of its legal representative or other duly authorised person)

_____

(First name and family name of the legal representative or other duly authorised person)

The original of this Application for Listing, duly filled in and signed, must be mailed (and possibly sent in advance by fax) to:

BORSA ITALIANA S.p.A. Equity Market Listing, Piazza degli Affari, 6 - 20123 Milan

Fax +39 02 72426393

C. Documentos para DB

1.- Solicitud para listar

El siguiente, es el formato de solicitud que debe presentarse para poder listar en Deutsche Börse. Éste, fue obtenido directamente del sitio web de la bolsa.

By fax: +49 (0) 69 – 21 11 36 71

Frankfurter Wertpapierbörse
- Management Board -
c/o Deutsche Börse AG
Listing
60485 Frankfurt am Main
Germany

Application to introduction of admitted securities to trading on the regulated market ("Listing")

1	Issuer (§ 38 Section 1 Stock Exchange Act (BörsG), § 71 Section 1 Exchange Rules for the Frankfurt Stock Exchange (BörsO FWB)
Name:	_____
Registered Office:	_____
Business address:	_____
If the issuer is represented by an agent:	
Name:	_____
Address:	_____
☐ The written power of attorney is attached.	
☐ The written power of attorney has already been filed within the context of the admission procedure.	
Applicant nominated contact for the listing procedure:	
Company:	_____
Contact person:	_____
Business address:	_____
Phone:	_____
Fax:	_____
Email:	_____

2	Type of securities to be listed*				
☐	Shares / certificates representing shares	☐	Other	☐	Structured products

*   Please provide further information in Appendix 1 and 2, respectively.

3	The securities to be listed are / will be admitted		
☐	to the regulated market (General Standard)	☐	to the regulated market (Prime Standard)*
☐	by virtue of law (§ 37 BörsG).		
Date of admission:			
File reference of admission procedure:		Az:	

3.1	Segment (only to be completed if applicable)				
☐	XTF	☐	REITs	☐	Other:

*   Only for shares or certificates representing shares.

4	Listing

4.1	General information on Listing				
Date of Listing*					
Type of Listing	☐	quotation per unit	☐	quotation in %	
Price fixing	☐	single price	☐	continous trading	
Calculation of accrued interest	☐	yes	☐	no („flat")	
IPO: First price quotation (only in case of shares)	☐	Xetra	☐	Floor	
	☐	Xetra and Floor simultaneously			

4.2	Special information in case of Structured products			
Trading model	☐	Issuer model	☐	Specialist model
Xetra Member-ID		_ _ _ _ _		
Subgroup-ID	QP _			
Specialist KV-number**	_ _ _ _			

*   Please note: the desired date is not binding due to legal provisions.

**   Please note: only applicable in case of the Specialist model.

5	Miscellaneous

6	Recipient of the invoice (Debtor) for the introduction fee

Company name: _____

Contact person: _____

Department: _____

Address: _____

(VAT-ID): _____

	_____
	Name/s of the applicant
_____	_____
Place, Date	Signature/s of the applicant

Appendix 2 – Other Securities / Structured products

ISIN	Ticker (if existent)	Currency, issue volume / unit	Interest rate	Type of Issue		Smallest unit / amount tradeable	Issue date	Interest date	Maturity date	Custody / Custodian
				Type, Series						
DE 0000000000	ABCD	€ 100.000.000.000	5 %	Hypothekenpfandbriefe Reihe 428		100.000	05.07.2008	24.12.	24.12.2012	CBF AG

Special features:

Appendix 1 – Shares / certificates representing shares

ISIN	Ticker	Type of securities	Unit / Currency	Smallest unit tradeable	Dividendright as of	Conditional capital (bedingtes Kapital) yes / no	Custody/ Custodian
DE 0000000000	ABCD	No-par bearer shares	199 999 999	1	01.01.2008	no	CBF AG

Special features:

D. Documentos para LSE

Los siguientes, son los formatos principales que deben presentarse para poder listar en el London Stock Exchange. Éstos, fueron obtenidos directamente del sitio web de la bolsa.

1.- Formato de Prospectus

Document status	
1	A statement that the document is the prospectus of the authorised fund valid as at a particular date (which shall be the date of the document).

Authorised fund			
2	A description of the authorised fund including:		
	(a)	its name;	
	(b)	whether it is an ICVC or an AUT and that:	
		(i)	unitholders are not liable for the debts of the authorised fund;
		(ii)	for an ICVC, a statement that the sub-funds of a scheme which is an umbrella are not 'ring fenced' and in the event of the umbrella being unable to meet liabilities attributable to any particular sub-fund out of the assets attributable to that sub-fund, that the remaining liabilities may have to be met out of the assets attributable to other sub-funds;
	¹(ba)	whether it is a UCITS scheme or a non-UCITS retail scheme;	
	(c)	for an ICVC, the address of its head office and the address of the place in the United Kingdom for service on the ICVC of notices or other documents required or authorised to be served on it;	
	(d)	the effective date of the authorisation order made by the FSA and relevant details of termination, if the duration of the authorised fund is limited;	
	(e)	its base currency;	
	(f)	for an ICVC, the maximum and minimum sizes of its capital; and	
	(g)	the circumstances in which it may be wound up under the rules and a summary of the procedure for, and the rights of unitholders under, such a winding up	

Investment objectives and policy			

3		The following particulars of the investment objectives and policy of the authorised fund:
	(a)	the investment objectives, including its financial objectives;
	(b)	the authorised fund's investment policy for achieving those investment objectives, including the general nature of the portfolio and, if appropriate, any intended specialisation;
	(c)	an indication of any limitations on that investment policy;
	(d)	the description of assets which the capital property may consist of;
	(e)	the proportion of the capital property which may consist of an asset of any description;
	(f)	the description of transactions which may be effected on behalf of the authorised fund and an indication of any techniques and instruments or borrowing powers which may be used in the management of the authorised fund;
	(g)	a list of the eligible markets through which the authorised fund may invest or deal in accordance with COLL 5.2.10 R (2)(b) (Eligible markets: requirements);
	(h)	for an ICVC, a statement as to whether it is intended that the scheme will have an interest in any immovable property or movable property ((in accordance with COLL 5.6.4 R (2) (Investment powers: general) or COLL 5.2.8 R (2) (UCITS schemes: general)) for the direct pursuit of the ICVC's business;
	(i)	where COLL 5.2.12 R (3) (Spread: government and public securities) applies, a prominent statement as to the fact that more than 35% of the scheme property is or may be invested in government and public securities and the names of the individual states, local authorities or public international bodies in whose securities the authorised fund may invest more than 35% of the scheme property;
	(j)	the policy in relation to the exercise of borrowing powers by the authorised fund;
	(k)	for an authorised fund which may invest in other schemes, the extent to which the scheme property may be invested in the units of schemes which are managed by the authorised fund manager or by its associate;
	(l)	where a scheme invests principally in scheme units, deposits or derivatives, or replicates an index in accordance with COLL 5.2.31 R or COLL 5.6.23 R (Schemes replicating an index), a prominent statement

		regarding this investment policy;	
	(m)	where derivatives transactions may be used in a scheme, a prominent statement as to whether these transactions are for the purposes of efficient portfolio management (including[2]hedging)[2] or meeting the investment objectives or both and the possible outcome of the use of derivatives on the risk profile of the scheme;	
	(n)	information concerning the profile of the typical investor for whom the scheme is designed;	
	(o)	information concerning the historical performance of the scheme presented in accordance with [3]COBS 4.6.2 R (the rules on past performance);[3]	
	(p)	for a non-UCITS retail scheme which invests in immovables, a statement of the countries or territories of situation of land or buildings in which the authorised fund may invest;	
	(q)	for a UCITS scheme which invests a substantial portion of its assets in other schemes, a statement of the maximum level of management fees that may be charged to that UCITS scheme and to the schemes in which it invests;	
	[4](qa)	where the authorised fund is a qualifying money market fund, a statement to that effect and a statement that the authorised fund's investment objectives and policies will meet the conditions specified in the definition of qualifying money market fund;	
	(r)	where the net asset value of a UCITS scheme is likely to have high volatility owing to its portfolio composition or the portfolio management techniques that may be used, a prominent statement to that effect; and	
	(s)	for a UCITS scheme, a statement that any unitholder may obtain on request the types of information (which must be listed) referred to in COLL 4.2.3R (3) (Availability of prospectus and long report).	
Reporting, distributions and accounting dates			
4	Relevant details of the reporting, accounting and distribution information which includes:		
	(a)	the accounting and distribution dates;	
	(b)	procedures for:	
		(i)	determining and applying income (including how any distributable income is paid);
		(ii)	unclaimed distributions; and

		(iii)	if relevant, calculating, paying and accounting for income equalisation;
	(c)		the accounting reference date and when the long report will be published in accordance with COLL 4.5.14 R (Publication and availability of annual and half-yearly long report); and
	(d)		when the short report will be sent to unitholders in accordance with COLL 4.5.13 R (Provision of short report).
Characteristics of the units			
5	Information as to:		
	(a)		where there is more than one class of unit in issue or available for issue, the name of each such class and the rights attached to each class in so far as they vary from the rights attached to other classes;
	(b)		where the instrument constituting the scheme provides for the issue of bearer certificates, that fact and what procedures will operate for them;
	(c)		how unitholders may exercise their voting rights and what these amount to;
	(d)		where a mandatory redemption, cancellation or conversion of units from one class to another may be required, in what circumstances it may be required; and
	(e)		for an AUT, the fact that the nature of the right represented by units is that of a beneficial interest under a trust.
Authorised fund manager			
6	The following particulars of the authorised fund manager:		
	(a)		its name;
	(b)		the nature of its corporate form;
	(c)		the date of its incorporation;
	(d)		the address of its registered office;
	(e)		the address of its head office, if that is different from the address of its registered office;
	(f)		if neither its registered office nor its head office is in the United Kingdom, the address of its principal place of business in the United Kingdom;

	(g)	if the duration of its corporate status is limited, when that status will or may cease; and
	(h)	the amount of its issued share capital and how much of it is paid up.

Directors of an ICVC, other than the ACD

7	Other than for the ACD:	
	(a)	the names and positions in the ICVC of any other directors (if any); and
	(b)	the manner, amount and calculation of the remuneration of such directors.

Depositary

8	The following particulars of the depositary:	
	(a)	its name;
	(b)	the nature of its corporate form;
	(c)	the address of its registered office;
	(d)	the address of its head office, if that is different from the address of its registered office;
	(e)	if neither its registered office nor its head office is in the United Kingdom, the address of its principal place of business in the United Kingdom; and
	(f)	a description of its principal business activity.

Investment adviser

9	If an investment adviser is retained in connection with the business of an authorised fund:	
	(a)	its name; and
	(b)	where it carries on a significant activity other than providing services to the authorised fund as an investment adviser, what that significant activity is.

Auditor

10	The name of the auditor of the authorised fund.

Contracts and other relationships with parties

11	The following relevant details:

	(a)		for an ICVC:
		(i)	a summary of the material provisions of the contract between the ICVC and the[1] ACD[1] which may be relevant to unitholders including provisions (if any) relating to remuneration, termination, compensation on termination and indemnity;
		(ii)	the main business activities of each of the directors (other than those connected with the business of the ICVC) where these are of significance to the ICVC's business;
		(iii)	if any director is a body corporate in a group of which any other corporate director of the ICVC is a member, a statement of that fact;[1]
		(iv)	the main terms of each contract of service between the ICVC and a director in summary form; and[1]
		[1](v)	for an ICVC that does not hold annual general meetings, a statement that copies of contracts of service between the ICVC and its directors, including the ACD, will be provided to a unitholder on request;
	(b)		the names of the directors of the authorised fund manager and the main business activities of each of the directors (other than those connected with the business of the authorised fund) where these are of significance to the authorised fund's business;
	(c)		a summary of the material provisions of the contract between the ICVC or the manager of the AUT and the depositary which may be relevant to unitholders, including provisions relating to the remuneration of the depositary;
	(d)		if an investment adviser retained in connection with the business of the authorised fund is a body corporate in a group of which any director of the ICVC or the manager of the AUT is a member, that fact;
	(e)		a summary of the material provisions of any contract between the authorised fund manager or the ICVC and any investment adviser which may be relevant to unitholders;
	(f)		if an investment adviser retained in connection with the business of the authorised fund has the authority of the authorised fund manager or the ICVC to make decisions on behalf of the authorised fund manager or the ICVC, that fact and a description of the matters in relation to which it has that authority;
	(g)		what functions (if any) the authorised fund manager has delegated and to

		whom; and
	(h)	in what capacity (if any), the authorised fund manager acts in relation to any other[5] regulated collective investment schemes[5] and the name of such schemes.

Register of unitholders

12	Details of:	
	(a)	the address in the United Kingdom where the register of unitholders, and where relevant the plan register is kept and can be inspected by unitholders; and
	(b)	the registrar's name and address.

Payments out of scheme property

13	In relation to each type of payment from the scheme property, details of:	
	(a)	who the payment is made to;
	(b)	what the payment is for;
	(c)	the rate or amount where available;
	(d)	how it will be calculated and accrued;
	(e)	when it will be paid; and
	(f)	where a performance fee is taken, examples of its operation in plain English and the maximum it can amount to.

Allocation of payments

14	If, in accordance with COLL 6.7.10 R[6] (Allocation of payments to income or capital), the authorised fund manager and the depositary have agreed that all or part of any income expense payments may be treated as a capital expense:	
	(a)	that fact;
	(b)	the policy for allocation of these payments; and
	(c)	a statement that this policy may result in capital erosion or constrain capital growth.

Moveable and immovable property (ICVC only)

15	An estimate of any expenses likely to be incurred by the ICVC in respect of movable and immovable property in which the ICVC has an interest.	

Valuation and pricing of scheme property			
16	In relation to the valuation [7]of scheme property and pricing of units[7]:		
	(a)	[7]either:[7]	
		(i)	in the case of a single-priced authorised fund,[7,] a provision that there must be only a single price for any unit as determined from time to time by reference to a particular valuation point; or[7]
		(ii)	[7]in the case of a dual-priced authorised fund, the authorised fund manager's policy for determining prices for the sale and redemption of units by reference to a particular valuation point and an explanation of how those prices may differ;
	(b)	details of:	
		(i)	how the value of the scheme property is to be determined in relation to each purpose for which the scheme property must be valued;
		(ii)	how frequently and at what time or times of the day the scheme property will be regularly valued for dealing purposes and a description of any circumstance in which the scheme property may be specially valued;
		(iii)	where relevant, how the price of units of each class will be determined for dealing purposes;[7]
		(iv)	where and at what frequency the most recent prices will be published; and
		(v)	[7]where relevant in the case of a dual-priced authorised fund, the authorised fund manager's policy in relation to large deals; and
	(c)	if provisions in (a) and (b) do not take effect when the instrument constituting the scheme or (where appropriate) supplemental trust deed takes effect, a statement of the time from which those provisions are to take effect or how it will be determined.	
Dealing			
17	The following particulars:		
	(a)	the procedures, the dealing periods and the circumstances in which the authorised fund manager will effect:	
		(i)	the sale and redemption of units and the settlement of transactions

			(including the minimum number or value of units which one person may hold or which may be subject to any transaction of sale or redemption) for each class of unit in the authorised fund; and
		(ii)	any direct issue or cancellation of units by an ICVC or by the trustee (as appropriate) through the authorised fund manager in accordance with COLL 6.2.7 (2) (Issue and cancellation of units through an authorised fund manager);
	(b)		the circumstances in which the redemption of units may be suspended;
	(c)		whether certificates will be issued in respect of registered units;
	(d)		the circumstances in which the authorised fund manager may arrange for, and the procedure for the issue or cancellation of units in specie;
	(e)		the investment exchanges (if any) on which units in the scheme are listed or dealt;
	(f)		the circumstances and conditions for issuing units in an authorised fund which limit the issue of any class of units in accordance with COLL 6.2.21 (Limited issue);
	(g)		the circumstances and procedures for the limitation or deferral of redemptions in accordance with COLL 6.2.16 (Limited redemption) or COLL 6.3.8 (Deferred redemption); and
	(h)		in a prospectus available during the period of any initial offer:
		(i)	the length of the initial offer period;
		(ii)	the initial price of a unit, which must be in the base currency;
		(iii)	the arrangements for issuing units during the initial offer, including the authorised fund manager's intentions on investing the subscriptions received during the initial offer;
		(iv)	the circumstances when the initial offer will end;
		(v)	whether units will be sold or issued in any other currency; and
		(vi)	any other relevant details of the initial offer.
Dilution			
18	In the case of a single-priced authorised fund, details[7] of what is meant by dilution including:		
	(a)		a statement explaining:
		(i)	that it is not possible to predict accurately whether dilution is likely

			to occur; and
		(ii)	which of the policies the authorised fund manager is adopting under COLL 6.3.8 (1) (Dilution) together with an explanation of how this policy may affect the future growth of the authorised fund; and
	(b)		if the authorised fund manager may require a dilution levy or make a dilution adjustment, a statement of:
		(i)	the authorised fund manager's policy in deciding when to require a dilution levy, including the authorised fund manager's policy on large deals, or when to make a dilution adjustment;
		(ii)	the estimated rate or amount of any dilution levy or dilution adjustment based either on historical data or future projections; and
		(iii)	the likelihood that the authorised fund manager may require a dilution levy or make a dilution adjustment and the basis (historical or projected) on which the statement is made.

SDRT provision

19	An explanation of:	
	(a)	what is meant by stamp duty reserve tax, SDRT provision and large deals; and
	(b)	the authorised fund manager's policy on imposing an SDRT provision including its policy on large deals, and the occasions, and the likely frequency of the occasions, in which an SDRT provision may be imposed and the maximum rate of it (a usual rate may also be stated).

Forward and historic pricing

20	The authorised fund manager's normal basis of pricing under COLL 6.3.7 (Forward and historic pricing).

Preliminary charge

21	Where relevant, a statement authorising the authorised fund manager to make a preliminary charge and specifying the basis for and current amount or rate of that charge.

Redemption charge

22	Where relevant, a statement authorising the authorised fund manager to deduct a redemption charge out of the proceeds of redemption; and if the authorised fund manager makes a redemption charge:

		(a)	the current amount of that charge or if it is variable, the rate or method of calculating it;
		(b)	if the amount, rate or method has been changed, that details of any previous amount, rate or method may be obtained from the authorised fund manager on request; and
		(c)	how the order in which units acquired at different times by a unitholder is to be determined so far as necessary for the purposes of the imposition of the redemption charge.
[8]**Property Authorised Investment Funds**			
[8]**22A**	For a property authorised investment fund, a statement that:		
	(1)		it is a property authorised investment fund;
	(2)		no body corporate may seek to obtain or intentionally maintain a holding of more that 10% of the net asset value of the fund; and
	(3)		in the event that the authorised fund manager reasonably considers that a body corporate holds more than 10% of the net asset value of the fund, the authorised fund manager is entitled to delay any redemption or cancellation of units if the authorised fund manager reasonably considers such action to be:
		(a)	necessary in order to enable an orderly reduction of the holding to below 10%; and
		(b)	in the interests of the unitholders as a whole.
General information			
23	Details of:		
	(a)		the address at which copies of the instrument constituting the scheme, any amending instrument and the most recent annual and half-yearly long reports may be inspected and from which copies may be obtained;
	(b)		the manner in which any notice or document will be served on unitholders;
	(c)		the extent to which and the circumstances in which:
		(i)	the scheme is liable to pay or suffer tax on any appreciation in the value of the scheme property or on the income derived from the scheme property; and
		(ii)	deductions by way of withholding tax may be made from distributions of income to unitholders and payments made to unitholders on the redemption of units;[1]

	(d)	for a UCITS scheme, any possible fees or expenses not described in paragraphs 13 to 22, distinguishing between those to be paid by a unitholder and those to be paid out of scheme property[1]; and[1]
	[1](e)	for an ICVC, whether or not annual general meetings will be held.

Information on the umbrella

24	In the case of a scheme which is an umbrella, the following information:	
	(a)	that a unitholder is entitled to exchange units in one sub-fund for units in any other sub-fund (other than a sub-fund which has limited the issue of units);
	(b)	that an exchange of units in one sub-fund for units in any other sub-fund is treated as a redemption and sale and will, for persons subject to United Kingdom taxation, be a realisation for the purposes of capital gains taxation;
	(c)	that in no circumstances will a unitholder who exchanges units in one sub-fund for units in any other sub-fund be given a right by law to withdraw from or cancel the transaction;
	(d)	the policy for allocating between sub-funds any assets of, or costs, charges and expenses payable out of, the scheme property which are not attributable to any particular sub-fund;
	(e)	what charges, if any, may be made on exchanging units in one sub-fund for units in any other sub-fund;
	(f)	for each sub-fund, the currency in which the scheme property allocated to it will be valued and the price of units calculated and payments made, if this currency is not the base currency of the scheme which is an umbrella; and
	(g)	if there are units for less than two sub-funds in issue, the effect of COLL 3.2.7 R (Umbrella scheme with only one sub-fund).

Application of the prospectus contents to an umbrella

25	For a scheme which is an umbrella, information required must be stated:	
	(a)	in relation to each sub-fund where the information for any sub-fund differs from that for any other; and
	(b)	for the umbrella as a whole, but only where the information is relevant to the umbrella as a whole.

Marketing in another EEA state			
26	A prospectus of a UCITS scheme which is prepared for the purpose of marketing units in a EEA State other than the United Kingdom, must give details as to:		
	(a)	what special arrangements have been made:	
		(i)	for paying in that EEA State amounts distributable to unitholders resident in that EEA State;
		(ii)	for redeeming in that EEA State the units of unitholders resident in that EEA State;
		(iii)	for inspecting and obtaining copies in that EEA State of the instrument constituting the scheme and amendments to it, the prospectus and the annual and half-yearly long report; and
		(iv)	for making public the price of units of each class; and
	(b)	how the ICVC or the manager of an AUT will publish in that EEA State notice:	
		(i)	that the annual and half-yearly long report are available for inspection;
		(ii)	that a distribution has been declared;
		(iii)	of the calling of a meeting of unitholders; and
		(iv)	of the termination of the authorised fund or the revocation of its authorisation.
Additional information			
27	Any other material information which is within the knowledge of the directors of an ICVC or the manager of an AUT, or which the directors or manager would have obtained by making reasonable enquiries, including but not confined to, the following matters:		
	(a)	information which investors and their professional advisers would reasonably require, and reasonably expect to find in the prospectus, for the purpose of making an informed judgement about the merits of investing in the authorised fund and the extent and characteristics of the risks accepted by so participating;	
	(b)	a clear and easily understandable explanation of any risks which investment in the authorised fund may reasonably be regarded as presenting for reasonably prudent investors of moderate means;	
	(c)	if there is any arrangement intended to result in a particular capital or	

			income return from a holding of units in the authorised fund or any investment objective of giving protection to the capital value of, or income return from, such a holding:
		(i)	details of that arrangement or protection;
		(ii)	for any related guarantee, sufficient details about the guarantor and the guarantee to enable a fair assessment of the value of the guarantee;
		(iii)	a description of the risks that could affect achievement of that return or protection; and
		(iv)	details of the arrangements by which the authorised fund manager will notify unitholders of any action required by the unitholders to obtain the benefit of the guarantee; and
	(d)		whether any notice has been given to unitholders of the authorised fund manager intention to propose a change to the scheme and if so, its particulars.

2.- Forma 1

FORM 1 - APPLICATION FOR ADMISSION OF SECURITIES TO TRADING

The submission of Form 1 shall be provisional. Formal application will only be deemed to be made when a Prospectus relating to the securities to be admitted to trading has been approved and published. All applications are subject to the Admission and Disclosure Standards ("the Standards").

For new issues this form must arrive no later than **10 business days prior** to the consideration of the application for admission to trading and for further issues no later than **2 business days prior** to the consideration of the application for admission to trading.

The form should be submitted to Issuer Implementation at the London Stock Exchange either by fax on +44 (0)20 7920 4607 or by email to issuerimplementation@londonstockexchange.com. If you require assistance, please call Issuer Implementation on **+44 (0)20 7797 4310**.

Application to be considered on (date):

Dealings expected to commence on (date):

1. **Full legal name of issuer:**

hereby applies for the following securities to be admitted to trading on the London Stock Exchange or for the purposes of MTN Programmes only:
hereby applies to establish a programme on the London Stock Exchange for the issuance of debt securities. Application for admission to trading on the London Stock Exchange of debt securities issued under the programme will be deemed to take effect only on submission of a pricing supplement for a specific issue of debt securities under the programme.

2. **Amount and full description of each class of security for which application is now being made:**
    (Example: 30,000,000 ordinary shares of 20 pence each fully paid. Where the securities are to be issued under an issuance programme, please give a description of the programme and the maximum amount of securities that may be admitted to trading at any one time)

3. **Type of issue for which application is being made:**
    (Example: Bonus, Rights, Placing, Open Offer, Block listing, Eurobond, MTN Programme, Warrants)

4. **Market to which admission is sought.**
    By ticking this box you are confirming that you meet the criteria and requirements of the market to which you are applying

    Main Market ☐ Professional Securities Market ☐ Specialist Fund Market ☐ Other ☐

5.

    Are the securities for which application is now made identical in all respects**

    a. with each other?   YES: ☐   NO: ☐
    b. with an existing class of security? YES: ☐   NO: ☐

    ** If you answered *NO* to either question how do the securities differ and when will they become identical?

New Issues: This section only requires completion if the application is for a new issue, this information may be published in the New Issues List section on the Exchange's website.

6.   Country of incorporation:

7.   Home EEA competent authority for listing:

    a.   Will the securities also be admitted to the FSA's Official List?   YES: ☐   NO: ☐

    b.   If appropriate, has the "passport" been lodged with the UKLA? If so, please attach a copy.   YES: ☐   NO: ☐

8.   Expected size of offer (£m):

9.   Expected market cap. post issue (£m):

10.   Expected percentage of Free Float post issue:

11.   Preferred trading currency / currencies:

12.   ISIN Number/s:

13.   Default place of settlement (system):

14.   Issuer details:

    a.   Contact name:

    b.   Job title:

    c.   Telephone number:

    d.   Email address:

15.   Invoicing – Value Added Tax (VAT)
The following information is required in order to comply with the EC Invoicing Directive (2001/115/EC) and to ensure that VAT is charged in accordance with EC law.

    a.   Country of Principal Place of Business (PPB):

      NB: PPB is usually the head office, headquarters or 'seat' from which business is run.

    b.   Is the Issuer registered for VAT in the UK?   YES: ☐   NO: ☐

    c.   Is the Issuer registered for VAT in another EC country?   YES: ☐   NO: ☐

    d.   If YES, please confirm EC VAT registration number:

NB: Where PPB is an EC country (excluding UK) – Failure to provide a valid EC VAT registration number will result in UK VAT being charged on admission and annual fees.

16. Brief description of business / fund type: [_____]

17. Fiscal year end: [_____]

18. Sponsor / Lead manager / Adviser (if applicable):

    a. Contact name: [_____]
    b. Telephone Number: [_____]
    c. Email address: [_____]

19. Corporate Broker: [_____]

20. Confirmed Market Makers: [_____]
At least one market maker is required if the security is to be traded on a segment with mandatory market maker requirements

21. Financial PR advisors: [_____]

22. Address at which admission document will be available:

[_____]

23. Date available: [_____]

Debt Issues:

24. Date of issue of certificates (or where relevant definitive bearer securities) for which application to trading is sought. [_____]

25. Please indicate whether the certificates are in registered or bearer form: [_____]

26. MTN Programmes:

Establish	Update

27. Please tick the box that best describes the security for which admission is sought. (more then one box may be appropriate in some cases)

Floating rate	☐	Step up up/Down	☐
Preference shares	☐	Guaranteed	☐
Exchangeable/Convertible	☐	Debentures	☐
Retail offer	☐	Eurobonds	☐
Inflation Linked	☐	Warrants	☐
Any other Linked	☐	Collateralised Debt	
Loan Participation	☐	Obligation	☐
Credit Linked Notes	☐	Zero coupon	☐
Asset Backed	☐	Covered	☐
Extendable	☐	Shari'ah Compliant	☐
Commercial paper	☐	Mortgage Backed	☐

28. If the security does not fall under any of the descriptions set above please provide a brief description

29. Please state the maturity of the debt security (DD MM YYYY)

Declaration

We have read and acknowledge our obligations under the Standards. Accordingly we declare that:

(a)   all the conditions for trading in the Standards which are required to be fulfilled prior to application have been fulfilled in relation to the issuer and the securities for the admission of which application is now made;

(b)   all the documents and information required to be included in the application have been or will be supplied in accordance with the Standards and all other requirements of the Exchange in respect of the application have been or will be complied with; and

(c)   (for new applicants only) the issuer is in compliance with the requirements of any securities regulator that regulates it and/or any stock exchange on which it has its securities traded.

(d)   We shall pay applicable admission and annual fees, as they fall due.

We undertake to comply with the Standards as published by the London Stock Exchange from time to time.

Signed:		Print Name:	
Job Title:		Date:	

Signed by a duly authorised officer (e.g. Director) for and on behalf of:

Name of Issuer:

Please ensure that all sections where applicable on this form have been completed. Failure to do so may cause delays in admission.

3.- Declaratoria de precios

PRICING STATEMENT

Information provided on this form must be typed or printed electronically.

To: The *FSA*

Date: _____20__

Name of *applicant*:	
Name of *sponsor* (if applicable):	
Description of *equity shares*:	
Total number of *equity shares* being placed/offered:	
Issue/offer price to the *applicant* or vendor:	
Middle market price (as defined in LR9.5.10R(2)) of *shares* at the time of announcing the terms of the offer or at the time of agreeing the placing (as the case may be):	
Date of announcement of terms, or agreement of placing:	
Percentage discount (see LR9.5.10R(1)):	
Where the discount is greater than 10% was shareholder approval sought?	Yes / No

SIGNED BY _____
suitably experienced *employee*/duly authorised officer,
for and on behalf of:

_____

Name of *sponsor* or name of *applicant*

If you knowingly or recklessly give false or misleading information you may be liable to prosecution.

4.- *Declaratoria de accionistas*

SHAREHOLDER STATEMENT

Information provided on this form must be typed or printed electronically.

To: The *FSA*

Date: _____ 20__

Name of *applicant*:	
Description of *security*:	
Total number of *securities* to be *admitted*:	
Name of *sponsor* (if applicable):	

Summary of shareholdings:			
	Number of *securities*	Number of holders	Percentage of issued *equity share capital*
Shares in public hands:			
Shares not in public hands: *			
Total			100%
Where less than 25% of the shares are in public hands, has prior approval been obtained from the *FSA*?	Yes / No		

* see *LR* 6.1.19R to *LR* 6.1.20G

SIGNED BY _____

Suitably experienced *employee*/duly authorised officer,
for and on behalf of:

_____

Name of *sponsor* or name of *applicant*

If you knowingly or recklessly give false or misleading information you may be liable to prosecution.

5.- Solicitud para la UKLA

APPLICATION FOR ADMISSION OF SECURITIES TO THE OFFICIAL LIST

Admission to the *official list* must be simultaneous with *admission to trading* on an *RIE*'s market for listed securities. You will need to complete a separate application form to apply for trading on a *RIE*.

† - Indicates a section that is mandatory for all applications. Sections that do not apply should be struck-through as necessary.

To: The *FSA*

Date: _____20__

_____ (the *applicant*) hereby applies for the *securities* described below to be admitted to the *official list* of the *FSA*.†

Amounts and descriptions of *securities* for which application is now being made (include distinctive numbers if any). Where the *securities* are to be issued under a programme, give a description of the programme and the maximum amount (if any) of *securities* which may be *listed* at any one time†:

Where application is made for the *listing* of *securities* without a *prospectus,* we confirm that a *prospectus* is not required pursuant to the Financial Services and Markets Act (the "*Act*") for the reasons set out below (please ensure a sufficiently detailed explanation is given as to why the relevant exemptions apply):	
Public Offer (quote relevant sub-section of *Prospectus Rule* 1.2.2, or relevant part of S85 or S86 of the *Act*, or relevant part of Schedule 11A of the *Act, and give the reason for the application of that exemption,* or confirm the transaction falls outside of the scope of the definition of an *offer* as defined in the *Prospectus Rules).*	
Admission to a *regulated market* (quote relevant part of S85 of the *Act* or the relevant sub-section of *Prospectus Rule* 1.2.3, or relevant part of Schedule 11A of the *Act*, and give the reason for the application of that exemption).	
Furthermore we confirm that between the date of this application form and the date of *admission* we will not take any action that would otherwise require the publication of a *prospectus* in respect of the *securities* the subject of this application.	

Where listing particulars would ordinarily be required in respect of the application but have not been prepared please confirm they are not required and the reason(s) why:

The ISIN code(s) for the *security* or *securities* to be *admitted*†:

Type of issue for which application is being made: (for example: placing; rights issue; block listing; issuance programme)†:

For issuance programme applications, please provide a primary contact(s) at the *issuer* for correspondence in relation to the programme for which admission is being sought:	
Name(s):	
Position(s):	
Email Address(es):	
Contact Telephone Number(s):	

Please specify whether this application is for a *primary* or *secondary listing* of *securities*:

Please specify on which UK market(s) the *applicant* has applied to have these *securities* traded†:

Please specify where else these *securities* are, or will be listed and whether the listing(s) are primary or secondary (if such a distinction is made)†:

Which EEA State do you regard as your home member state for the purposes of the Transparency Directive (2004/109/EC?): Queries in relation to this question should be directed to the Company Monitoring Helpdesk on 020 7066 8333, option 4	
Account/Audit Information†	
Accounting Standards used by Issuer	
Auditing Standards used by Issuer	

Information to be provided by a *Public Sector Issuer* that seeks *admission* of *securities* without a *prospectus**	
Series Number:	
Issue Price:	
Specified Denominations:	
Issue Date:	
Maturity Date:	
Form of Securities:	Bearer/Registered
Listing:	
ISIN:	

Where this information is already set out in some other document describing the issue (such as final terms) it is sufficient to simply attach that document.

Confirmation

We acknowledge our obligations arising under the *listing rules* and the legal implications of *listing* under the *Act*. Accordingly, we confirm that:

1,   all the requirements for *listing* in the *listing rules,* which are required to be fulfilled before the application is to be considered, have been fulfilled in relation to the *issuer* and the *securities* for which application is now made (save where otherwise agreed with the *FSA*);

2,   all the documents and information required to be included in the application have been or will be supplied in line with the *listing rules,* and all other requirements of the *FSA* in respect of the application have been or will be complied with.

3,   we undertake to comply with the *listing rules* so far as applicable to the *issuer*.

4,   we acknowledge the obligation to comply with the requirement to publish a *supplementary prospectus* or *supplementary listing particulars* if, at any time after a *prospectus* or *listing particulars* have been approved such document would be required by the *Act*, the *Prospectus Rules* or the *Listing Rules*.

5,   on *admission* the *securities* for which application has been made will be allotted (for *equity securities*) and in issue (for *debt securities*) pursuant to the appropriate board resolutions and with the appropriate authority (save in circumstances where the *FSA* has specifically agreed otherwise including *inter alia* block listings, applications by *open-ended investment companies*, applications for the *admission* of 'up to' amounts).

SIGNED BY †_____

Director/company secretary/suitably experienced *employee*/duly authorised officer, for and on behalf of:

_____

Name of *applicant*

Application to be heard on[†]:	
Admission expected to be effective on[†]:	

Name(s) of contact(s) at *applicant* regarding the application[†]:	
Telephone number(s) of contact(s) at *applicant* regarding the application[†]:	

E. Documentos para NYSE

Los siguientes, son los formatos principales que deben presentarse para poder listar en el New York Stock Exchange. Éstos, fueron obtenidos directamente del sitio web de la bolsa.

1.- Solicitud para listar

903.00 Listing Applications

903.01 Format of Original Listing Application

Listing Application C- .... to New York Stock ...., 20 .... Exchange, Inc.

.... (Name of Company) .... Shares of .... Stock
(Title)

Par Value... CUSIP No..

Original Listing
Number of Shares of Common Stock Issued as of .... (Month, Day, Year)
....
(Number)
Shareholders Record as of .... (Month, Day, Year) .... (Number)

(Excluding .... Shares Held of Record in Treasury)

Description of Transaction—
State that the listing application is the company's original application for the listing of its securities on the Exchange.
Cross reference may be made to any Securities Act Prospectus, 10-K, or annual report attached as part of the application. To the extent that the required informational material is covered in the attachments, the data need not be repeated in the narrative sections. However, appropriate cross references should be included under each caption.
Shares Applied for but Not Yet Issued—
The balance of the material under this caption will be applicable only where unissued securities are included in the application.
The transactions for which share reserves are needed should be described in sufficient detail to set forth the essential facts.
If the company must reserve shares for a merger or acquisition which is scheduled to close around the time of the original listing date, consult with the company's Exchange representative for special instructions.
Authority for Issuance—
Give the dates directors approved the purpose for and issuance of any unissued securities covered by the application. If shareholder approval has been, or will be given, give that date also.
History and Business—

State where and when the company was organized, its form of organization, and the duration of its charter. Give in succinct form the history of its development and growth in the particular line of business now conducted. If organized as the result of merger, consolidation, or reorganization, trace the history of the predecessor companies. If organized through reorganization, describe briefly the circumstances leading to, and the effect of, the reorganization.

Describe briefly the present business of the company and its subsidiaries or controlled companies, including principal products manufactured or services performed, principal markets for products and raw materials, operations conducted, merchandising or product-distribution methods, and, in general, furnish such information as will serve to indicate clearly the growth and development of the particular industry in which the company is engaged and the growth and development of the company and the relative ranking it occupies in its field.

If a material part of the business is dependent upon patents, proprietary formulae, or secret processes, so state. Give date of expiration of principal patents or proprietary interests in principal formulae.

Public Utilities—In the case of public utilities, the description of the business should include the various services rendered by the system, the proportionate gross revenue derived from each service, and the territory and population served by each service.

Indicate the number of customers, or meters in service, classifying them into residential, industrial or commercial, municipalities, etc.

State the aggregate amount of kilowatt hours of electricity, or cubic feet of gas, sold annually for the past five years, and aggregate revenue derived from each service annually during that period, for each customer classification.

State average and peak loads, and installed capacity, indicating whether figure given represents rated capacity or actual capacity.

Describe, in general terms, interconnection facilities and arrangements for purchases or sales of electricity and gas.

Property Description—

Describe briefly the physical properties of the company and its subsidiaries or controlled companies. stating location, type of construction and area of plants and buildings, functions thereof, condition of equipment, acreage, transportation facilities, etc. State whether properties are owned or leased. Indicate normal capacity of plants in terms of units of production where possible.

Affiliated Companies—

Give a list of all subsidiary or controlled companies, including all companies in which the company owns or controls directly or indirectly 50% or more of the voting power. Indicate, as to each such company, the amount of each class of capital stock outstanding and show the amount of each class owned, directly or indirectly, by the parent company. State briefly the proportionate revenue/earnings each such company has in the business.

If the company has a substantial, but less than controlling, interest in any company or organization, such interests should be similarly described.

Indicate, to the extent that the information is available, the name of any company, individual, or other entity which owns directly or indirectly, 10% or more of any class of voting stock of the company, and the extent of such ownership.

If control of the company is held by any other company through lease or contract, describe the circumstances of such control.

Management—

Give the names and titles of all directors and officers, stating other principal business affiliations they may have. Give a brief biographical outline for each of the principal officers of the company.

If directors are elected by classes, so indicate.

Capitalization—

Give a summary statement of changes in authorized stock capitalization of the company since organization, with reference to dates of corporate actions effecting such changes. This data may be given in narrative form if desired, but if changes have been numerous, a tabulated statement is preferable.

Give in tabular form a statement as to substantial changes in the outstanding amounts of stock of the company over the period of the past five years, showing dates on which authorized for issuance, purpose of issuance and consideration received. The statement should show shares reacquired by the company or its subsidiary or controlled companies.

Funded Debt—

State the aggregate amount of funded debt of the company and subsidiary or controlled companies, and give a list of the outstanding issues and amounts, indicating amounts held by subsidiary or controlled companies. If such list is extensive, it may be attached to the application as an exhibit.

Stock Provisions—

If application is being made to list stock, give a summary of the rights, preferences, privileges and priorities of the class of stock for which application is made. Provide similar information on any other class of stock which is senior or equal to the proposed issue.

If application is being made to list one or more senior classes of stock, recite verbatim the charter provisions attaching thereto, and to each class on a parity therewith or senior thereto, in an exhibit appended to the application in addition to the summarized statement included in the application.

Give a summary statement of any provisions of any indentures, or agreements, restricting payment of dividends or affecting voting rights of the class of stock applied for.

State whether or not shareholders of any class have preemptive rights to subscribe to additional issues, whether by charter provision or statute.

Employees-Labor Relations—

State total number regularly employed and, if subject to seasonal fluctuation, the maximum and minimum numbers employed during the preceding twelve months.

State dates and duration of material work stoppages due to labor disagreements during the past three years, and the general terms of settlement of such disagreements.

Describe briefly any pension, retirement, bonus, profit participation, stock purchase, insurance, hospitalization, or other plans of benefit to employees which may be in effect.

Shareholder Relations—

Describe briefly the procedures followed by the company in the field of shareholder relations, indicating, among other things, the method by which shareholders are informed of either a declaration of dividends or a failure to declare a dividend at an accustomed time; whether interim statements of earnings are mailed to shareholders or released to the press; how soon after the close of the period such interim statements usually are available; whether the company advises shareholders or otherwise gives periodic publicity to the progress of the company or new developments in its affairs (otherwise than through interim statements of earnings or annual reports and proxy statements).

Dividend Record—

State the amount of dividends (per share and in aggregate) paid by the company (or its predecessors) during each of the five preceding years. Show stock dividends separately, indicating, in respect of each stock dividend, the percentage amount, the number of shares issued in payment, the amount per dividend share and the aggregate charged against earnings or retained earnings, and the basis for calculating the amount charged.

State the aggregate and per share amount of preferred dividend arrearages.

Indicate whether dividends have been paid on a quarterly, semi-annual or annual basis, and state how long dividends have been paid without interruption.

State the record date, payment date, and date of declaration with respect to each dividend paid during the past two years.

Option, Warrants, Conversion Rights Etc.—

State the terms and conditions of any options, purchase warrants, conversion rights or any other commitments, whether of definitive or contingent nature (including stock compensation or remuneration plans), under which the company may be required to issue any of its securities. If there are no such commitments, so state.

In the case of options granted to directors, officers or employees, and in the case of stock compensation or remuneration plans relating to directors, officers or employees, indicate whether or not the options or plans, or some measure or proposal implementing them, were approved by shareholders, and if so approved, the date of approval.

If any of the above data is fully stated under "Capitalization" or elsewhere in the application, it may be omitted here and reference made to the other statement.

Litigation—

Describe all pending litigation of a material nature in which the company, or any of its subsidiaries or controlled companies, may be involved which may affect its income from, title to, or possession of any of its properties.

Business, Financial and Accounting Policies—

Independent Public Accountants— State the name of independent public accountants; how long they have audited the company's accounts; when and by whom they were appointed; whether or not they report directly to the Board of Directors; whether they make a continuous or periodic audit; extent of their authority to examine all records and supporting evidence; whether or not they are authorized or invited to attend shareholders' meetings; whether they do attend such meetings and, if they do attend, whether or not they are authorized to answer questions raised by shareholders.

Chief Executive Officer— State the name and title of the chief executive officer.

Chief Financial Officer— State the name and title of the company's chief financial officer; to whom he reports and the extent of his authority; whether or not he attends meetings of the Board of Directors.

Commitments— Indicate whether or not it is policy of the company to make future commodity commitments to an extent which may materially affect its financial position.

Indicate whether or not, in the normal course of business, it is necessary to expand working capital through short term loans (or otherwise) to a material extent.

Other Policies— In cases where, because of the nature of the industry or circumstances peculiar to the company, unique business, financial or accounting policies are considered to be of material effect in determination of the company's income or its financial position, or in interpretation of its financial statements, describe such other policies.

Financial Statements—

Include in the listing application the following financial statements:

- A summary statement of earnings, prepared in conformity with generally accepted accounting principles, for the last five fiscal years.
- Consolidated financial statements, prepared in conformity with generally accepted accounting principles, together with the report of the company's independent public accountants.
- Latest available interim financial statements for the current fiscal year, prepared in conformity with generally accepted accounting principles. The interim statements shall

include a report thereon by the company's chief financial officer if such statements have not been audited.

- Pro forma or "giving effect" consolidated financial statements in cases where there has been, or is contemplated, any major financing, recapitalization, acquisition or reorganization.

Parent Company Statements— Statements of the parent company as a separate corporate entity may also be required if such statements appear essential or desirable. In general, parent company statements are not required in cases where the subsidiaries are wholly owned and do not have any substantial amount of funded debt outstanding.

Form of Financial Statements— The Exchange does not attempt to prescribe the form or detail of the financial statements included in listing applications. It is required that such statements be prepared in conformity with generally accepted accounting principles.

It is the practice of the Exchange to ask the company to submit its financial statements, initially, in the form in which they have been published in the annual reports to shareholders. Those statements are examined by the Exchange Staff. Such changes as may seem desirable are discussed with the company.

When preparing financial statements for inclusion in a listing application, it should be noted that the Listing Agreement, filed by the company in support of the application, requires that all financial statements contained in the company's future annual reports to shareholders be in the same form as the statements contained in the listing application or as modified by agreement of the company and the Exchange.

Opinion of Counsel—

State in summary form the opinion of counsel filed in support of the application, particularly as to:

1. Legality of organization of the company.
2. Authorization of issuance of the securities for which listing application is made.
3. Validity of such securities.
4. Whether shares are fully paid and non-assessable.
5. Personal liability of shareholders.
6. Whether shares are registered under the Securities Act of 1933 and/or reasons why registration under the Securities Act of 1933 is not required.
7. Date and nature of any order or proceeding of any federal or state regulatory authority prerequisite to issuance of any unissued securities covered by the application and, if such steps have not been completed, the present status.

State the name and address of counsel rendering the opinion. If such counsel, or any partner or member of the firm of such counsel (or, if a firm, any member), is a director or officer of the company, disclose that fact in both the summary of the opinion in the listing application, and in the opinion itself.

Listing Agreement--

State that the company has executed and filed a copy of the standard form of the Listing Agreement and that it is available at the Exchange for review upon request.

General Information-

Under this heading state:

- Date on which fiscal year ends.
- Principal business address and statutory address of the company.
- Date and place of annual meeting; percentage of voting stock constituting a quorum for meetings of shareholder.
- Names and addresses of transfer agent and registrar if listing of stock is applied for, or names and adresses of trustee (and co-trustee), fiscal and paying agents, and agents for registry and interchange, if listing of bonds is applied for, and names and addresses of any other agencies for service of the securities for which listing application

is made.

• Approximate number of round-lot holders, including round-lots held by nominees for member firms/fiduciaries. (The Exchange will supply these figures based upon its analysis.)

....

...

(Company)

By:...

...

(Name and Title)

The New York Stock Exchange, Inc. hereby authorized the listing of.....................Shares of........................Stock,$....................Par Value, of.......................................all of (Company) which are issued and outstanding.

The Exchange also authorized the listing of ....Additional Shares of.........................Stock upon offical notice of issuance for the purposes set forth above, making a total of..............Shares of....................Stock authorixed to be listed.

New York Stock Exchange, Inc.

(See Para. 702.00 for details concerning the use of this listing application.)

Exhibits--

Data included in the application as exhibits instead of the narrative section of the application should be arranged in the same sequence as the occurrence of references thereto in the narrative section. Each exhibit should be alphabetically designated.

The exhibits should follow immediately after the signature page and shall be introduced by a paragraph reading:

"These exhibits constitute an essential part of the application. The statements of fact contained herein are made on the authority of the applicant corporation in the same manner as those in the body of the application."

Bonds--Additional information required. If application is being made to list bonds, debentures, notes or other debt securities, the additional information outlined below should be included in the listing application immediately following the section headed "Funded Debt."

Description of Issue for Which Application Is Made--

Under the caption "Description of.., given in narrative form the following information:

(Designation of Security)

• Full title of issue.

• Title of instruments under which created.

• Name of trustee.

• Dates of authorization(s) for issue by directors, shareholders and public authorities.

• Amount authorized, amount issued to date, amount retired, amount outstanding.

• Date of issue and maturity.

• Interest rate.

• Places and dates for payment of principal and interest, and currency in which payable.

• Tax exemptions.

• Whether issuable in coupon and/or registered form.

- Denominations issuable.
- Whether exchangeable as between registered and coupon form, and interchangeable as to denominations together with places and times at which exchanges may be made.
- Where bonds may be registered and transferred.

Indenture Provisions—

Summarize the indenture provisions with respect to the following:

- Security, describing the lien created by the indenture or other instrument, properties covered (in general terms) and other assets pledged thereunder. Describe also any underlying or prior liens.
- Additional issues, stating conditions under which additional amounts of indebtedness may be issued.
- Sinking fund requirements.
- Redemption and call provisions, including date on which redeemable, prices, method of selection in event of partial redemption, duration and place of published notice, disposition of bonds redeemed.
- Default, including events constituting default, remedies of bondholders, percentage of bonds necessary to direct or control Trustee's action in regard to default.
- Release of pledged property from lien, stating conditions under which pledged property may be released from lien of the indenture or under which other property may be substituted for pledged property.
- Convertibility, if any, into other securities.
- Modification, stating extent to which indenture may be modified in any particular, and conditions under which it may be modified.
- Treatment of deposited funds, stating how funds deposited pursuant to the terms of the indenture are required to be held; whether deposit of funds operates to discharge the properties pledged from the lien of the indenture and whether deposit of funds for payment of principal, interest or redemption price operates to discharge the obligation of the issuer with respect thereto.
- Other major covenants of the indenture.

Stock Provisions (If Bond is Convertible)—

If the issue proposed for listing is convertible into stock or if there is attached to it any warrant, right or option entitling a holder to purchase or otherwise acquire stock, the application should contain a summary of stock provisions as described above in these directions, under the heading "Stock Provisions."

2.- Acuerdo de listado

901.00 Listing Agreements

901.02 Listing Agreement for Foreign Private Issuers

Nothing in the following Agreement shall be so construed as to require the Corporation to do any acts in contravention of law or in violation of any rule or regulation of any public authority exercising jurisdiction over the Corporation.

.... (hereinafter called the "Corporation"), in consideration of the listing of the securities covered by this application, hereby agrees with the New York Stock Exchange, Inc. (hereinafter called the "Exchange"), as follows:

I.

1. The Corporation will promptly notify the Exchange of any change in the general character or nature of its business.

2. The Corporation will promptly notify the Exchange of any changes of officers or directors.

3. The Corporation will promptly notify the Exchange in the event that it or any company controlled by it shall dispose of any property or of any stock interest in any of its subsidiary or controlled companies, if such disposal will materially affect the financial position of the Corporation or the nature or extent of its operations.

4. The Corporation will promptly notify the Exchange of any change in, or removal of, collateral deposited under any mortgage or trust indenture, under which securities of the Corporation listed on the Exchange have been issued.

5. The Corporation will:

a. File with the Exchange four copies (including translations) of all material mailed by the Corporation to its stockholders with respect to any amendment or proposed amendments to its Certificate of Incorporation.

b. File with the Exchange a duly certified copy (including translation) of any amendment to its Certificate of Incorporation, or resolutions of Directors in the nature of an amendment, as soon as such amendment or resolution shall have become effective.

c. File with the Exchange a duly certified copy (including translation) of any amendment to its By-Laws as soon as such amendment shall have become effective.

6. The Corporation will disclose in its annual report to stockholders, for the year covered by the report, (a) the number of shares of its stock issuable under outstanding options at the beginning of the year; separate totals of changes in the number of shares of its stock under option resulting from issuance, exercise, expiration or cancellation of options; and the number of shares of its stock issuable under outstanding options at the close of the year; (b) the number of unoptioned shares of its stock available at the beginning and at the close of the year for the granting of options under an option plan; and (c) any changes in the exercise price of outstanding options, through cancellation and reissuance or otherwise, except price changes resulting from the normal operation of anti-dilution provisions of the options.

7. The Corporation will promptly notify the Exchange of all facts relating to the purchase, direct or indirect, of any of its .... listed on the Exchange at a price in excess of the market price of such security prevailing on the Exchange at the time of such purchase.

8. The Corporation will not select any of its securities listed on the Exchange for redemption otherwise than by lot or pro rata, and will not set a redemption date earlier than fifteen days

after the date corporate action is taken to authorize the redemption.

9. The Corporation will promptly notify the Exchange of any corporate action which will result in the redemption or retirement, in whole or in part, of any of its bonds listed on the Exchange, and will notify the Exchange as soon as the Corporation has notice of any other action which will result in any such redemption or retirement.

10. The Corporation will promptly notify the Exchange of action taken to fix a stockholders' record date, or to close the transfer books, for any purpose and will take such action at such time as will permit giving the Exchange at least ten days' notice in advance of such record date or closing of the books.

11. In case the securities to be listed are in temporary form, the Corporation agrees to order permanent engraved securities within thirty days after the date of listing.

12. The Corporation will furnish to the Exchange on demand such information concerning the Corporation as the Exchange may reasonably require.

13. The Corporation will not make any changes in the form or nature of any of its bonds listed on the Exchange, nor in the rights or privileges of the holders thereof, without having given twenty days' prior notice to the Exchange of the proposed change, and having made application for the listing of the bonds as changed if the Exchange shall so require.

14. The Corporation will promptly notify the Exchange of any diminution in the supply of .... available for the market occasioned by the deposit of such ....under voting trust agreements or other deposit agreements, if knowledge of any such actual or proposed deposits should come to the official attention of the officers or directors of the Corporation.

15. The Corporation will make application to the Exchange for the listing of additional amounts of securities listed on the Exchange sufficiently prior to the issuance thereof to permit action in due course upon such application.

II

1. The Corporation will publish at least once a year and submit to the record holders of .... (hereinafter called the "Holders"), at least fifteen days in advance of the annual meeting of stockholders and not later than three months after the close of the last preceding fiscal year of the Corporation a balance sheet as of the end of such fiscal year, and a surplus and income statement for such fiscal year of the Corporation as a separate corporate entity and of each corporation in which it holds directly or indirectly a majority of the equity stock; or in lieu thereof, eliminating all inter-company transactions, a consolidated balance sheet of the Corporation and its subsidiaries as of the end of its last previous fiscal year, and a consolidated surplus statement and a consolidated income statement of the Corporation and its subsidiaries for such fiscal year. If any such consolidated statement shall exclude corporations a majority of whose equity stock is owned directly or indirectly by the Corporation: (a) the caption of, or a note to, such statement will show the degree of consolidation; (b) the consolidated income account will reflect, either in a footnote or otherwise, the parent company's proportion of the sum of, or difference between, current earnings or losses and the dividends of such unconsolidated subsidiaries for the period of the report; and (c) the consolidated balance sheet will reflect, either in a footnote or otherwise, the extent to which the equity of the parent company in such subsidiaries has been increased or diminished since the date of acquisition as a result of profits, losses and distributions.

Appropriate reserves, in accordance with good accounting practice, will be made against profits arising out of all transactions with unconsolidated subsidiaries in either parent company statements or consolidated statements. Such statements will reflect the existence of any default in interest, cumulative dividend requirements, sinking fund or redemption fund requirements of the Corporation and of any controlled corporation, whether consolidated or unconsolidated.

2. All financial statements contained in annual reports of the Corporation to Holders will be audited by independent public accountants qualified under the laws of ...., and will be accompanied by a copy of the certificate made by such firm with respect to its audit of such statements showing the scope of such audit and the qualifications, if any, with respect thereto.

The Corporation will promptly notify the Exchange if it changes its independent public accountants regularly auditing the books and accounts of the Corporation.

3. All financial statements contained in annual reports of the Corporation to Holders shall be in the same form as the corresponding statements contained in the listing application in connection with which this Listing Agreement is made, and shall disclose any substantial items of unusual or non-recurrent nature.

4. The Corporation will publish quarterly statements of earnings on the basis of the same degree of consolidation as in the annual report to Holders. Such statements will disclose any substantial items of unusual or non-recurrent nature and will show either net income before and after income taxes or net income and the amount of income taxes.

5. The Corporation will not make any substantial charges, nor will it permit any subsidiary directly or indirectly controlled by it to make any substantial charges, against capital surplus without notifying the Exchange. If so requested by the Exchange, the Corporation will submit such charges to stockholders for approval or ratification.

6. The Corporation will not make any substantial change, nor will it permit any subsidiary directly or indirectly controlled by it to make any substantial change, in accounting methods, in policies as to depreciation and depletion or in bases of valuation of inventories or other assets, without notifying the Exchange and disclosing the effect of any such change in its next succeeding interim and annual report to its Holders.

III

1. The Corporation will ensure that .... (hereinafter called the "Depositary"), as Depositary under the Deposit Agreement, dated as of .... (hereinafter called the "Deposit Agreement"), and any succeeding or additional depositary, will have on hand at all times a sufficient supply of .... to meet the demands for transfer. If at any time the Corporation issues securities which do not recite the preferences of all classes of its stock, the Corporation will furnish the Depositary with the information necessary to furnish Holders, upon request and without charge, a printed copy of preferences of all classes of such stock.

2. The Corporation will immediately publish to its stockholders and enable the Depositary to publish to Holders any action taken by the Corporation with respect to dividends or to the allotment of rights to subscribe or to any rights or benefits pertaining to the ownership of its .... listed on the Exchange; and will give prompt notice to the Exchange of any such action; and will afford its stockholders a proper period within which to record their interests and to exercise their rights. The Corporation will also take such steps as may be necessary to enable the Depositary, in accordance with the terms of the Deposit Agreement, to (a) make all such rights or benefits available to Holders; (b) provide Holders a proper period within which to record their interests and to exercise their rights; and (c) issue all such

rights or benefits in form approved by the Exchange.

3. The Corporation will solicit proxies for all meetings of stockholders.

4. In the event that a successor Depositary or an additional Depositary is named, the Corporation agrees that it will not appoint any person as such successor Depositary or additional Depositary unless such person shall have entered into a listing agreement with the Exchange in a form substantially similar to the agreement relating to .... between .... and the Exchange. The Corporation will not appoint a transfer agent, registrar or depository of, nor a trustee under a mortgage or other instrument relating to any security listed on the Exchange without prior notice to the Exchange, and the Corporation will not appoint a registrar for the .... listed on the Exchange unless such registrar, at the time of its appointment becoming effective, is qualified with the Exchange as a registrar for securities listed on the Exchange; nor will the Corporation select an officer or director of the Corporation as a trustee under a mortgage or other instrument relating to a security of the Corporation listed on the Exchange.

....

By ....

Date ....

3.- Acuerdo de cuotas

902.00 Fees for Listed Securities

902.01 Listed Securities Fee Agreement

Each Listing Application submitted to the Exchange must be accompanied by a Listed Securities Fee Agreement, in which the Company undertakes to pay Listing Fees and Annual Fees, unless such an agreement in the form shown below has previously been filed with the Exchange.

AGREEMENT made this .... day of .... 20.............. by .... organized and existing under the laws of the State of .... (hereinafter called the "Company") with the New York Stock Exchange, Inc. (hereinafter called the "Exchange").

WITNESSETH:
I. WHEREAS the Company has applied for the listing upon the Exchange of:

....
....

....
....

2. WHEREAS it is a condition precedent to the consideration of listing applications that this fee agreement be in effect between the Company and the Exchange covering the payment of Listing Fees and Annual Fees.

NOW, THEREFORE, in consideration of the Exchange receiving and considering the application for the listing of the aforementioned securities, and subsequent applications, if any, for the listing of additional shares of such securities and/or other securities of the Company, the Company covenants and agrees to pay, when due, any applicable Listing Fees and Annual Fees established from time to time by the Exchange.

IN WITNESS WHEREOF, the Company has caused these presents to be executed by its proper officers thereunto duly authorized and its corporate seal to be hereunto affixed, as of the day and year first above written.

....
by
(Name and Title)   ....

4.- Esquema de distribución accionaria

904.01 Stock Distribution Schedule

.... Company ....Title of Stock
Issue
1. SIZE OF HOLDING
Record Date ....

Number of Holders	Shares Held	Total Shares
....	1 - 99	....
....	100 - 300	....
....	301 - 500	....
....	501 - 1000	....
....	1000 - up	....
....	Totals	....

The ten largest holdings on the Record Date were as follows:
1 .... Shares
2 .... Shares
3 .... Shares
4 .... Shares
5 .... Shares
6 .... Shares
7 .... Shares
8 .... Shares
9 .... Shares
10 .... Shares
Total ....
2. GEOGRAPHICAL DISTRIBUTION
Holders Shares In:

Ala	....	La	....	Okla	....
Alaska	....	Me	....	Ore	....
Ariz	....	Md	....	Pa	....
Ark	....	Mass	....	R.I.	....
Cal	....	Mich	....	S.C.	....
Colo	....	Minn	....	S.D.	....
Conn	....	Miss	....	Tenn	....
Del	....	Mo	....	Texas	....
D.C.	....	Mont	....	Utah	....
Fla	....	Neb	....	Vt	....
Ga	....	Nev	....	Va	....
Hawaii	....	N.H.	....	Wash	....
Idaho	....	N.J.	....	W.Va.	....
Ill	....	N.M.	....	Wisc	....
Ind	....	N.Y.	....	Wyo	....

Iowa	....	N.C.	....	Canada	....
Kan	....	N.D.	....	Other	....
Ky	....	Ohio	....	Totals	....

All stock is free for sale and is held under no syndicate, agreement or control.

Certified correct ....

....

(Transfer Agent)

5.- Formato de asignación

501.00 Certificate Forms

501.03 Forms of Assignment

(A) Stock Certificates
For value received...................hereby sell, assign and transfer unto

Please insert social security or other identifying number of assignee.
Please print or typewrite name and address including zip code of assignee:
....
....
....
....
....
....
....shares of capital stock
represented by the within Certificate and do hereby irrevocably constitute and appoint
.... Attorney to transfer the said stock on the books
of the within named Company with full power of substitution in the premises.
Dated...
....

The following legend, relating to the signature to the assignment, shall appear on the reverse of stock certificates, adjacent to the form of assignment.

Notice: The signature to this assignment must correspond with the name as written upon the face of the certificate in every particular, without alteration or enlargement, or any change whatever.

An indication as to where the shareholder should sign may also be included with the signature line, such as an "X," "Signature," "Sign here," or other similar direction.

6.- Forma 20-F

UNITED STATES
SECURITIES AND EXCHANGE COMMISSION
WASHINGTON, D.C. 20549

OMB APPROVAL
OMB Number: 3235-0288
Expires: October 31,2008
Estimated average burden
hours per response..2611.00

FORM 20-F

(Mark One)

☐ **REGISTRATION STATEMENT PURSUANT TO SECTION 12(b) OR (g) OF THE SECURITIES EXCHANGE ACT OF 1934**

OR

☐ **ANNUAL REPORT PURSUANT TO SECTION 13 OR 15(d) OF THE SECURITIES EXCHANGE ACT OF 1934**
For the fiscal year ended_____

OR

☐ **TRANSITION REPORT PURSUANT TO SECTION 13 OR 15(d) OF THE SECURITIES EXCHANGE ACT OF 1934**

OR

☐ **SHELL COMPANY REPORT PURSUANT TO SECTION 13 OR 15(d) OF THE SECURITIES EXCHANGE ACT OF 1934**
Date of event requiring this shell company report ....

For the transition period from _____ to _____

Commission file number _____

_____
(Exact name of Registrant as specified in its charter)

_____

(Translation of Registrant's name into English)

_____

(Jurisdiction of incorporation or organization)

_____

(Address of principal executive offices)

_____

(Name, Telephone, E-mail and/or Facsimile number and Address of Company Contact Person)

Securities registered or to be registered pursuant to Section 12(b) of the Act.

Title of each class	Name of each exchange on which registered
_____	_____
_____	_____

Securities registered or to be registered pursuant to Section 12(g) of the Act.

_____

(Title of Class)

SEC 1852 (02-08)   **Persons who respond to the collection of information contained in this form are not required to respond unless the form displays a currently valid OMB control number.**

(Title of Class)

Securities for which there is a reporting obligation pursuant to Section 15(d) of the Act.

(Title of Class)

Indicate the number of outstanding shares of each of the issuer's classes of capital or common stock as of the close of the period covered by the annual report.

_____

Indicate by check mark if the registrant is a well-known seasoned issuer, as defined in Rule 405 of the Securities Act.

☐ Yes ☐ No

If this report is an annual or transition report, indicate by check mark if the registrant is not required to file reports pursuant to Section 13 or 15(d) of the Securities Exchange Act of 1934.

☐ Yes ☐ No

Note -- Checking the box above will not relieve any registrant required to file reports pursuant to Section 13 or 15(d) of the Securities Exchange Act of 1934 from their obligations under those Sections.

Indicate by check mark whether the registrant (1) has filed all reports required to be filed by Section 13 or 15(d) of the Securities Exchange Act of 1934 during the preceding 12 months (or for such shorter period that the registrant was required to file such reports), and (2) has been subject to such filing requirements for the past 90 days.

☐ Yes ☐ No

Indicate by check mark whether the registrant is a large accelerated filer, an accelerated filer, or a non-accelerated filer. See definition of "accelerated filer and large accelerated filer" in Rule 12b-2 of the Exchange Act. (Check one):

Large accelerated filer ☐   Accelerated filer ☐   Non-accelerated filer ☐

Indicate by check mark which basis of accounting the registrant has used to prepare the financial statements included in this filing:

U.S. GAAP ☐   International Financial Reporting Standards as issued   Other ☐
                      by the International Accounting Standards Board ☐

If "Other" has been checked in response to the previous question, indicate by check mark which financial statement item the registrant has elected to follow.

☐ Item 17   ☐ Item 18

If this is an annual report, indicate by check mark whether the registrant is a shell company (as defined in Rule 12b-2 of the Exchange Act).

☐ Yes   ☐ No

(APPLICABLE ONLY TO ISSUERS INVOLVED IN BANKRUPTCY PROCEEDINGS DURING THE PAST FIVE YEARS)

Indicate by check mark whether the registrant has filed all documents and reports required to be filed by Sections 12, 13 or 15(d) of the Securities Exchange Act of 1934 subsequent to the distribution of securities under a plan confirmed by a court.

☐ Yes   ☐ No

* Para obtener el formato con las instrucciones y anexos ver:

http://www.sec.gov/about/forms/form20-f.pdf

7.- Forma 6-F

Official Form 6F (10/06)

In re _____, Case No. _____
　　　　　Debtor　　　　　　　　　　　　　　(if known)

SCHEDULE F - CREDITORS HOLDING UNSECURED NONPRIORITY CLAIMS

State the name, mailing address, including zip code, and last four digits of any account number, of all entities holding unsecured claims without priority against the debtor or the property of the debtor, as of the date of filing of the petition. The complete account number of any account the debtor has with the creditor is useful to the trustee and the creditor and may be provided if the debtor chooses to do so. If a minor child is a creditor, indicate that by stating "a minor child" and do not disclose the child's name. See 11 U.S.C. § 112. If "a minor child" is stated, also include the name, address, and legal relationship to the minor child of a person described in Fed. R. Bankr. P. 1007(m). Do not include claims listed in Schedules D and E. If all creditors will not fit on this page, use the continuation sheet provided.

If any entity other than a spouse in a joint case may be jointly liable on a claim, place an "X" in the column labeled "Codebtor," include the entity on the appropriate schedule of creditors, and complete Schedule H - Codebtors. If a joint petition is filed, state whether the husband, wife, both of them, or the marital community may be liable on each claim by placing an "H," "W," "J," or "C" in the column labeled "Husband, Wife, Joint, or Community."

If the claim is contingent, place an "X" in the column labeled "Contingent." If the claim is unliquidated, place an "X" in the column labeled "Unliquidated." If the claim is disputed, place an "X" in the column labeled "Disputed." (You may need to place an "X" in more than one of these three columns.)

Report the total of all claims listed on this schedule in the box labeled "Total" on the last sheet of the completed schedule. Report this total also on the Summary of Schedules and, if the debtor is an individual with primarily consumer debts filing a case under chapter 7, report this total also on the Statistical Summary of Certain Liabilities and Related Data..

☐ Check this box if debtor has no creditors holding unsecured claims to report on this Schedule F.

CREDITOR'S NAME, MAILING ADDRESS INCLUDING ZIP CODE, AND ACCOUNT NUMBER *(See instructions above.)*	CODEBTOR	HUSBAND, WIFE, JOINT, OR COMMUNITY	DATE CLAIM WAS INCURRED AND CONSIDERATION FOR CLAIM. IF CLAIM IS SUBJECT TO SETOFF, SO STATE.	CONTINGENT	UNLIQUIDATED	DISPUTED	AMOUNT OF CLAIM
ACCOUNT NO.							
ACCOUNT NO.							
ACCOUNT NO.							
ACCOUNT NO.							
					Subtotal▶		$
_____ continuation sheets attached			Total▶				$

(Use only on last page of the completed Schedule F.)
(Report also on Summary of Schedules and, if applicable, on the Statistical Summary of Certain Liabilities and Related Data.)

* Para el formato original ver:

http://www.uscourts.gov/rules/BK_Forms_06_Official/Form_6F_1006.pdf

F. Documentos para TSE

1.- *Solicitud para listar*

El siguiente, es el formato de solicitud que debe presentarse para poder listar en el Tokyo Stock Exchange. Éste, fue obtenido directamente del sitio web de la bolsa.

Application Form for Initial Listing of a Security

(Foreign ETF)

Date of Submission: DD/MM/YYYY

____/____/_____

To the President and CEO,
Tokyo Stock Exchange, Inc.

Investment Trust Management Company:

Name (Signature) and Title of Representative:

Trustee:

Name (Signature) and Title of Representative:

We hereby apply to list the following security:

1. Security Applying for Listing

Name of Issue	Number of Units of Beneficiary Rights	Principal Amount in Trust	Limit of the Amount of the Principal in Trust
		JPY ( )	JPY ( )

（ 1 ） Details related to security applying for listing
① Specific indicator the security tracks

Name of the indicator	
Name of the provider	

② Overview of the investment trust management company and the trustee

Trade Name	Name of the Investment Trust Management Company	Name of the Trustee
Content of Business		
Establishment		
Address of Head Office		
Names of Laws and Regulations Pertaining to the Security Applying for Listing		
Names of Supervisory Agencies regulating the Security Applying for Listing		

③ Foreign financial instruments exchange, etc.

Foreign Financial Instruments Exchange, etc.	Main Foreign Financial Instruments Exchange, etc. Other Foreign Financial Instruments Exchanges, etc.
Names of Laws and Regulations Pertaining to the Security Applying for Listing	
Names of Supervisory Agencies Regulating the Security Applying for Listing	
Trading Currency at the Main Foreign Financial Instruments Exchange, etc.	

④ Details of trust asset investments (details of the specific assets)

Details of Trust Asset Investments	Similar Specific Assets	Amount Invested	Investment Ratio
		JPY	%

⑤ Status as foreign investment trust

⑥Beneficiary certificates issued and outstanding as of the listing application date

Application (Initial Creation) Date	Number of Units of Beneficiary Rights	Amount of the Principal of Trust
		JPY

（２）Items related to Amended Listing

The total number of units of listing application beneficiary rights may change in the process of creation within the limit of the amount of the principal of the above. As long as the number of units stays below the limit, this Application Form will suffice as the amended application for change in the number of listed units. However the total number of units of listing application beneficiary rights may change.

２．Others

（１）Expected change in the number of units of the beneficiary certificates from the listing application date to the date of listing

Date	Number of Incremental Units of Beneficiary Rights	Number of Units of Beneficiary Rights after the Increase	Remarks

（２）Audit opinion (in response to the financial statements related to the listing application of the security)
Name of the current certified public accountant or name of the audit firm

	Period (y/m/d ~ y/m/d)	Period (y/m/d ~ y/m/d)	Period (y/m/d ~ y/m/d)	Period (y/m/d ~ y/m/d)
Name of Current Certified Public Accountant or Name of the Audit firm				
Audit Opinion on Financial Statements and Interim Financial Statements in Accordance with the Act				

以 上

（Notes）

This "Application Form for the Initial Listing of Securities" is used for a foreign ETF. Please note that a separate "Application Form for the Initial Listing of Securities" must be completed for a domestic ETF or foreign ETF trust beneficiary rights, etc.

An investment trust management company is such as prescribed in Rule 1001, Item 9 of the Securities Listing Regulations. A trustee is such as prescribed in Item 21 of the same Rule.

1. Security applying for listing

> (i)   For the trust principal and number of units of beneficiary rights, please use the expected number as of the listing date. For the "trust principal or the total net assets," area, please enter "total net assets" if the security is already listed on a foreign exchange and enter "trust principal" if it is not listed on a foreign financial instruments exchange. Also, please indicate the amounts of the "trust principal or total assets," as well as the "trust principal" in the local currency in parentheses.
>
> (ii)   When the trust principal and the number of units of beneficiary rights are determined at listing, please immediately submit the "Notice of Determination of Listing Application Security," predetermined by the TSE.

   (1)   Listing application security

> ①   Overview of the investment trust management company and the trustee
> In the column for "Names of laws and regulations pertaining to the security applying for listing," please describe the names of the laws and regulations that apply to the security applying for listing within the jurisdiction of the head offices of the investment trust management company and trustee.   In the column for "Names of supervisory agencies regulating the listing application security," please describe the supervisory agencies or the like regulating securities within the jurisdiction of the head offices of the investment trust management company and trustee.

②   Listed foreign securities exchange, etc.

> Please indicate the name of the foreign financial instruments exchange (the one prescribed in Rule 2, Item 14 of the Listing Regulations) on which the security applying for listing is listed or continuously traded, or is likely to be listed or continuously traded. If the listing application security is dually listed, please describe the items required in the column for "Main Foreign Financial Instruments Exchange."
> In the column titled "Names of laws and regulations pertaining to the security applying for listing," please enter the names of any laws and regulations at the foreign financial instrument exchange that apply to the security applying for listing .
> In the column titled "Names of supervisory agencies regulating the listing application security," please enter the names of the supervisory agencies at the foreign financial instrument exchange that are responsible for regulating the security applying for listing.

③   Details of trust asset investments (specific asset details)

> In the column titled "details of trust asset investments," please describe the classes of assets held in the issue applying for initial listing. In the column titled "Similar specific asset," please indicate which of the specific assets prescribed in Article 3 of the Ordinances of the Enforcement of the Investment Trust Act are similar to the assets held in the issue applying for initial listing.
> In the column titled "Investment ratio," please indicate the percentage of the invested amount of the total net assets.

④   Falling under the definition of a foreign investment trust

> Please explain why the security applying for listing falls within the scope of the definition of a foreign investment trust prescribed in Article2, Paragraph 22 of the Investment Trust Act. In lieu of an explanation, attaching a legal opinion prepared by an attorney at law will also suffice.

⑤   Beneficiary certificates issued and outstanding as of the listing application date

> If no trusts are created as of the listing application date, please indicate the number of trusts that are initially expected.

2. Others

(1) Audit opinion (financial statements related to the listing application issue)

(i) In the column titled "Names of current public certified accountants or name of audit corporation," please describe the names of the public certified accountants or the name of the audit corporation with which you have entered into an agreement as of the listing application date.

(ii) If any audit has been conducted in accordance with the Act for any accounting period ended in the two years preceding the listing application date, please enter the audit opinion given in the audit report or interim audit report.

(iii) If audit opinion has been given as mentioned in (i),please state this fact in lieu of a summary and explain the reason.

G. Documentos para TSX

1.- Solicitud para listado

El siguiente, es el formato de solicitud que debe presentarse para poder listar en el Toronto Stock Exchange. Éste, fue obtenido directamente del sitio web de la bolsa; para ver el formato con los anexos y los documentos que deben adjuntarse, ver http://www.tsx.com/en/index.html

TORONTO STOCK EXCHANGE - LISTING APPLICATION

PART I – GENERAL INFORMATION

A. Listing Category
Indicate the category pursuant to which the listing is sought.

Industrial	*Industrial*	*Mining*	*Oil & Gas*
☐ Profitable (309 a)	☐ Structured	☐ Producing (314 a)	☐ Non exempt
☐ Forecasting Profitability (309 b)	Products	☐ Exploration & Development (314	(319)
☐ Profitable Exempt (319.1)	☐ ETFs	b)☐ Producing Exempt (314.1)	☐ Exempt (319.1)
☐ Technology (309 c)	☐ Other		
☐ Research & Development (309			

B. Contact Information

LEGAL NAME OF APPLICANT
_____

ADDRESS
_____

TELEPHONE	FACSIMILE

EMAIL	WEBSITE

C. Investor Relations Contacts
Provide information for all principal contact(s) for investor relations purposes
1.

NAME	TITLE

PHONE	EMAIL

2.

NAME	TITLE

PHONE	EMAIL

PART II – SECURITY-RELATED INFORMATION
A. Securities to be listed

			A	B	A + B
Security Class	CUSIP	Total number authorized	Total number issued	Total authorized to be issued for a specific purpose	Total to be listed

B. Securities authorized for issuance for a specific purpose

Security or Instrument Name	# of Securities Reserved	Exercise or Conversion Price (if applicable)	Expiry Date (dd/mm/yy)
TOTAL			

PART III – OTHER INFORMATION

1. If the Applicant has previously been denied its application to have its securities listed on any market, please provide all relevant information, including the name of the market, the date and reasons why application was denied or unsuccessful.

PART IV – ADDITIONAL Information for APPLICANTS INCORPORATED OUTSIDE OF CANADA

1. Name the jurisdictions in which the Applicant is a reporting issuer (or equivalent status).

2. Date of most recent annual meeting and date and type of most recent financial report to securityholders.

Describe any restrictions on the free tradeability of the securities to be listed. In the absence of restrictions, confirm that the securities will be freely tradeable in Canada.